李清照词传

锦瑟年华谁与度

语嫣 —— 著

[精装畅销典藏版]

时事出版社
·北京·

图书在版编目(CIP)数据

李清照词传:锦瑟年华谁与度 / 语嫣著.—北京：时事出版社,2020.1

ISBN 978-7-5195-0359-8

Ⅰ.①李… Ⅱ.①语… Ⅲ.①李清照(1084-约1151)-传记 Ⅳ.①K825.6

中国版本图书馆CIP数据核字(2019)第278132号

出版发行	：时事出版社
地　　址	：北京市海淀区万寿寺甲2号
邮　　编	：100081
发行热线	：(010)88547590　88547591
读者服务部	：(010)88547595
传　　真	：(010)88547592
电子邮箱	：shishichubanshe@sina.com
网　　址	：www.shishishe.com
印　　刷	：大厂回族自治县德诚印务有限公司

开本：870×1280　1/32　印张：8　字数:160千字
2020年1月第1版　2020年1月第1次印刷
定价：42.00元
(如有印装质量问题，请与本社发行部联系调换)

序言

李清照，号易安居士，山东省济南章丘人，宋代（南北宋之交）女词人，婉约词派代表，词风清新秀丽，婉转含蓄，有"千古第一才女"之称，对后世产生了深远的影响；是与屈原、陶渊明、李白、杜甫、苏轼、陆游等伟大诗人并驾齐驱的宋代女文学家。

她通金石，擅书画，尤精于诗词。她温婉多情，才华横溢，在动荡的年代恪守平淡，奔波流离；她的一生凄凄冷冷，语出了"绿肥红瘦"的千古佳句，道出了"生当做人杰"的豪情壮语，写出了"凄凄惨惨戚戚"的离愁别绪；她创造了"易安体"，被誉为"婉约词宗"。我们熟知"易安体"，更爱"漱玉词"，常常喜欢探寻那字字句句背后的故事。"帘卷西风"的闲适，"寻寻觅觅"的凄凉，"生当做人杰"的豪情，到底哪一个是真实的李清照？

蓦然回首，我们似乎还能看到那个出身书香世家的才女，倚门回首间，告别了往日悠闲适意的闺中生活，成为风韵尤佳的少妇，辗转间，与君分别，日夜思念不成眠的景象；再转眼，昔日娇颜已满鬓华发，惹人垂怜。无奈悲叹，年华易逝，流年不再，只剩下生命无尽的蹉跎。"寻寻觅觅，冷冷清清，凄凄惨惨戚戚……"

本书根据李清照一生的经历划分为四个部分——少女时期、别君时期、流离时期、晚年时期，收录了李清照人生不同阶段的经典诗词，通过她不同时期创作的词作探寻其内心世界。同时，作者还对这些词作进行了婉转生动的全面解析，不仅有助于读者对易安词的阅读和欣赏，同时还能够帮助读者领略婉约词人的心路历程。从欣赏到艺术，本书都堪称李清照词作欣赏与研究的佳作典范，值得收藏。

目 录

第一辑 生命中无比烂漫的春：闺中烂漫，如花如梦

003　如梦，东邻少女乐悠游

009　恋心上秋，何处成愁

014　海棠依旧，绿肥红瘦

020　虽是一瞥，却已惊鸿

025　欲黄昏，雨打梨花深闭门

030　望穿秋水，艳羡双飞燕

036　月梳梳，花底离愁雨

040　天涯有穷，相思无尽

045　芙蓉开，月移花影盼重逢

049　梅锁春寒，不与群花比

第二辑　生命中无比焦灼的夏：离人相别，心不离

- 057　群芳凋尽，芍药独摇曳
- 063　正茂芳华，风韵正相宜
- 067　花颜好，你侬我侬俏玲珑
- 072　花开并蒂，心不离
- 077　闲愁，花自飘零水自流
- 084　帘卷西风，人比黄花瘦
- 089　离人何在，独倚栏杆空奈何
- 094　别恨难穷，霜风凄紧盼归期
- 099　春草萋萋，王孙不归
- 104　梅花落，扫迹情留
- 109　凄苦愁浓，人依旧

第三辑　生命中无比肃杀的秋：国破家亡，黍离之悲

117　安石须起，要苏天下苍生
123　多少事，欲说还休
129　楼锁春心，空相思
134　连天芳草，望断归来路
139　华服金钗谁人赏
144　惜别伤离，东莱寻君去
149　花光月影，空梦长安
155　老去无成，悲生起
161　羌管悠悠，折肝肠
166　夜来沉醉，寂寞离忧无人诉
171　秋已尽，萧萧叹凄凉

第四辑

生命中无比凄冷的冬：凄惨晚年，物是人非

179 露寒人远，夜不思眠
184 念旧往，故乡何处是
189 蓦然回首，天人永隔
194 西风萧瑟，梧桐落
199 午夜梦回，何处停驻
204 花残春尽催华年
208 乱世飘零终明了，滋味几何
213 丁香千结也无情
217 怎一个，愁字了得
222 未语先泪，愁苦何其多
226 梅花三弄，泪千行
231 满衣清泪，凄楚谁怜
236 风霜满鬓，梦忆前尘往事
241 雨打芭蕉，莫道不销魂

第一辑 ● 生命中无比烂漫的春：闺中烂漫，如花如梦

少年的易安，生活无忧无虑，一切记忆都如温暖而绮丽的梦。也正是此时，她萌发了「绿肥红瘦」的慨叹，然而这一切不过是富贵时的闲愁，与她后期悲苦的时光相比，这更是她人生中难得的美好。此刻正是她生命中无比烂漫的春，多年后，蓦然回首，如在眼前，是无尽凄凉岁月中最真实的慰藉。

如梦,东邻少女乐悠游

> **如梦令·常记溪亭日暮**
> 常记溪亭日暮,沉醉不知归路。兴尽晚回舟,误入藕花深处。争渡,争渡,惊起一滩鸥鹭。

"大明湖畔,趵突泉边,故居在垂杨深处;漱玉集中,金石录里,文采有后主遗风。"这是郭沫若先生为位于济南趵突泉边的李清照纪念堂所题之词。郭老此言,寥寥数语,却说尽了易安的一生。其实,这里本不是易安的故乡。历来,人们认定李清照是济南历城人,而她实际的故乡却在山东明水。可无论是济南还是明水,都是一样的青山绿水。青山崔嵬,绿水荡漾。易安的名字回荡在这青山绿水之间。

"四面荷花三面柳,一城山色半城湖。"幼时的李清照就生活在这样的明山与秀水中,无虑也无忧,无欲也无求。那时候的生活多好,日子像河水一样流淌,没有惊涛骇浪,只有偶然泛起的点点浪花。宋哲宗元符二年(1099年),易安到了出嫁的年纪,为了择一位好夫婿,其父李格非将她接到当时的都城汴京(今开封),半是无奈,也半是期待。李清照就这样离开了生养她的家乡山东明水,那一年,她十六岁。

京都,无疑是最为繁华所在,她尽情地挥洒着自己的才情,很快便在诗坛崭露头角。但这不曾冲淡易安对故乡的怀念与追忆。那一座山、那一弯河、那一叶扁舟,还有那个自己,那个无虑也无忧的人……所有的所有,一切的一切,早已深深地镌刻在她的心间,无时无刻不在她的记忆里鲜活。故乡的风物,从前的光景,同游的伙伴,逝去的华年,时时萦绕在她的脑海,秀口一吐,便吟出了这首《如梦令》。

幼时的易安会是什么样子呢?我曾无数次在脑海里描画她的面影,却始终拼凑不出她的模样。记得沈从文先生在《边城》中这样描写翠翠——那个精灵一般的姑娘:"翠翠在风日里长养着,把皮肤变得黑黑的,触目为青山绿水,一对眸子清明如水晶。自然既长养她且教育她,为人天真活泼,处处俨然如一只小兽物。人又那么乖,如山头黄麂一样,从不想到残忍事情,从不发愁,从不动气……"或许幼时的易安也是这样一个姑娘吧。我知道,此言一出,会有太多的人嗤之以鼻。人们只知道易安是"一代词宗",是"绝世才女",却忘记了,她也有过娉娉袅袅十三余的美好华年,她也有过豆蔻梢头二月初的难忘过往。人们总是神化她,殊不知,神是用来景仰的,而人才是用来爱慕的。人们总是细数她的苦难,殊不知,她生命中的欢乐也曾那么多。

出身官宦人家,父母皆擅文辞,易安又自然是与翠翠不同的。她自幼饱读诗书、博学多识,无论是对政治还是人生都有着非凡的领悟。如果说,翠翠是在用她的清灵感悟着世界,那么易安不仅感悟着世界,更感染着世界。

在古代,女孩子到了十五岁要举行"笄礼",俗称"上头",就是把头发绾起来,表示到了出嫁的年纪。按照当时的风俗,上头之日,女孩子是要外出游玩的,因而这一天常常选在天气温和的时节。南朝梁简文帝就曾写过这样的诗句:"婉娩新上头,湔裙出乐游。"或许这就是易安此次出游的缘由。如此重要的日子,自然要大书特书一番。

溪亭日暮,落霞与孤鹜齐飞,秋水共长天一色,有那少女们娇俏的脸庞倒映在河水中,还有姑娘们放肆的嬉笑声飘散在斜阳里。这样的时刻,怎能不啜饮几口清酒呢,为着那充满快乐也充满伤感的从前,也为着那充满期待又充满未知的今后。只是啜着啜着就醉了,醉在了酒里,醉在了如画的风景里，更醉在了美好的华年里。不要笑这些女孩子，她们的放肆、她们的任性、她们的恣意、她们的狂欢或许也随着美好的年华一并埋葬了。以后的岁月里，那漫长到近乎无望的岁月里，她们为人妻、为人母，却难以再是此刻的自己。就让她们痛快地放肆一回吧，为着那将尽的青春。

日暮倒载归，酩酊无所知。只是这日子如此重要，只是这欢乐这般难得，如何忍心"无所知"呢？每一分钟都弥足珍贵，每一秒钟都让人流连。

人生若朝露，行乐需及时。这样的放诞不羁，或许只属于青春年少时节。花落了还会再开，月亏了还会再圆，而逝去的岁月呢，它们永远不会再回来。也正因此，易安才更珍惜这次出游，就算兴尽了，还是要去那"藕花深处"走上一遭，那是青春的终曲，是年少时节最后的狂欢。

而"那叶扁舟"偏又陷在了"藕花深处"，怎么办？怎么办！归途在哪儿？看似焦灼，但也只是"看似"而已，易安怎会真的害怕找不见归路呢？她只是看着被惊起的鸥鹭，清浅一笑。

有时候，快乐总是在不经意间。设想一下，如果不是沉醉不知归路，如果不是误入藕花深处，如果不是惊起一滩鸥鹭，还会不会有这许多的欢乐，多年以后还会不会记得此情此景的美好呢？

据说，李清照创作了这首词之后，其父李格非隐去其姓名，请友人与同僚赏鉴，众人纷纷称赞，时人竞相传阅，却都不相信这出自一位十六岁的闺阁少女之手。有人认为是苏轼所作，更有甚者认为这首词颇有神仙气，当是吕洞宾的手笔。

后人曾给予易安这样的评价："易安倜傥，有丈夫气，乃闺阁中之苏、辛，非秦、柳也。"易安自然听不到这些评价，可就算她听得到，这些旁人眼中的溢美之词，之于她，也不过如清风过耳。"丈夫气"如何，"闺阁气"又如何，"苏、辛"怎样，"秦、柳"又怎样，易安怎会在意呢。她从来不想做什么大丈夫，她只是一个待字闺中的少女，然而大家闺秀的躯壳从来不曾缚住她，是明水的一山一水涵养出的真性情，过往的高洁之士熏陶出的真性情。当这些真性情喷薄而出，自然便成为"倜傥风流"。易安是有意为之吗？她才不会，她只是书写自己的真心罢了。

如梦，如梦，所有关于青春的一切，不正像一个温暖而绮丽的梦吗？

"袅娜少女羞,岁月无忧愁。"岂不正是此刻的易安?

溪亭日暮里,藕花深处,蓦然回首,易安还是那个东邻少女,娉娉袅袅,豆蔻正梢头。

恋心上秋，何处成愁

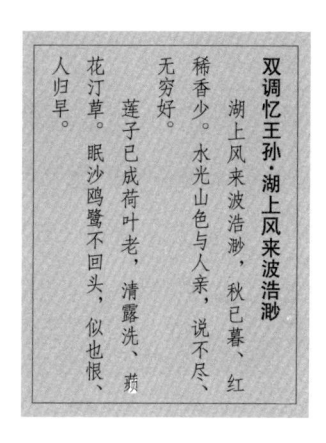

> 双调忆王孙·湖上风来波浩渺
>
> 湖上风来波浩渺，秋已暮，红稀香少。水光山色与人亲，说不尽、无穷好。
>
> 莲子已成荷叶老，清露洗、蘋花汀草。眠沙鸥鹭不回头，似也恨、人归早。

"悲哉秋之为气也，萧瑟兮草木摇落而变衰。"宋玉低吟着他的《九辩》，开启了中国文人的"悲秋"传统。霜风凄紧，翠减红衰，秋是用来悲的。有道是，"人人解说悲秋事，不似诗人彻底知。"诗人们的敏感与善感、多情与多思，为秋的悲凉与萧瑟做了最好的注解。"未觉池塘春草梦，阶前梧叶已秋声"，这是朱熹的悲；"出门未免流年叹，又见湖边木叶飞"，这是陆游的悲；"已觉秋窗秋不尽，那堪风雨助凄凉"，这是曹雪芹的悲。在一个个秋日与一个个秋夜里，诗人们浅斟低唱，吟咏着他们的忧思。

微风吹拂着湖水，撩拨起层层涟漪，秋深了，日落了，花残了，我们的女词人要大发悲慨了吧。她讨厌这夺走了美好的光景的秋吗？非也，非也，她不悲这秋深，不叹这花残，她只在这水光山色中恣意流连。她写道："说不尽、无穷好"！在关于秋的诗句里这一个"好"字，古往今来，又有几人敢如此？而如果不只是"好"，还是"无穷好"呢？不只是"无穷好"，还是"说不尽"的"无穷好"呢？这样的秋，唯有易安一人品味得出。这样的心境，也唯有易安一人能够拥有。

我们也曾读到过这样旷达的句子："自古逢秋悲寂寥，我言秋日胜春朝。晴空一鹤排云上，便引诗情到碧霄。"当时的刘禹锡，刚刚遭遇了变法的失败，被贬朗州。秋，或许不过是他寄情于景的依托，去剖白他的坚忍、他的执着和他的不屈。

我们也曾看到过这样壮阔的画面："对潇潇暮雨洒江天，一番洗清秋。"赵令畤在《侯鲭录》中这样评价这句词的作者柳永："'渐霜风凄紧，关河冷落，残照当楼。'此语于诗句不减唐人高处。"无奈，就算柳七郎面对如此壮阔的秋景，也只看见"红衰翠减，苒苒物华休"；就算面对如此浩渺的江天，也还是难掩"望故乡渺邈，归思难收"；就算"不减唐人高处"，也始终跳不出"倚阑干处，正恁凝愁"的窠臼。

或许只有那酒中仙人李白的一句"长风万里送秋雁，对此可以酣高楼"差可与之相比拟。

荷又名莲、芙蓉、菡萏，它给了人们多少清凉，又给了人们多少遐想！周敦颐说，"予独爱莲之出淤泥而不染，濯清涟而不妖，中通外直，不蔓不枝，香远益清，亭亭净植，可远观而不可亵玩焉"。还说，"莲，花之君子者也"。古往今来，但凡高洁之士，未见有不爱莲者。

"泉眼无声惜细流，树阴照水爱晴柔。小荷才露尖尖角，早有蜻蜓立上头。"荷塘里，有着多少炎夏的阳光和雨露。"菡萏香连十顷陂，小姑贪戏采莲迟。晚来弄水船头湿，更脱红裙裹鸭儿。"荷塘里，又有着多少少女的笑语与欢歌。"菡萏香销翠叶残，西风愁起绿波间。还与韶光共憔悴，不堪看。"荷塘里，又有着多少少女的哀怜与叹息。

"秋阴不散霜飞晚，留得枯荷听雨声。"荷叶也有哀怨吗？那滴滴细雨恰是她的诉说。又或许一切都只是多情的诗人在庸人自扰。

荷叶残了、败了，荷花枯萎了、凋零了，多少文人墨客要洒一把清泪，可易安偏不如此。为何伤心难过呢？荷花凋了，荷叶败了，可那莲子却已经长成了呀，那是希望，而只要有希望，就意味着有无限种可能。《诗经》中不是有这样的诗句吗："桃之夭夭，灼灼其华。之子于归，宜其室家。桃之夭夭，有蕡其实。之子于归，宜其家室。桃之夭夭，其叶蓁蓁。之子于归，宜其家人。"

就算桃花开得再妖冶、再芬芳，也一定要结出果实来才好。是可恶的悖论吗，抑或是绝妙的反讽？易安赞颂着莲花结子，而终其一生，却不曾拥有属于自己的子嗣。在那无限漫长，漫长到似乎永远也没有尽头的时光里，她是怎样挨过一个个凄楚的夜？那夜里也会有雨打残荷声吗？而彼时的她，是否会想起曾吟咏过的诗句？此时才知道，易安之苦，更甚于莲心许多。

暂时忘掉这一切吧，忘掉我们是在细数她的平生，忘掉我们早已对一切洞若观火。把一切都忘掉吧，只是和她一起去体味这美好的秋日，去聆听她的笑语呢喃。

我爱这秋的壮阔，我爱这凋落的残荷，我爱这团团清露、蘋花汀草。那眠沙鸥鹭，为什么不转过你的头，把我看上一看？你是在气我吗？气我天光大亮就要离去？你是在怨我吗？怨我辜负了这无限韶光？可是我们还有明天，还有很远很远的以后，日子久着呢，怎会有尽头。

她对生命有着多少的爱啊，仿佛永远都说不尽、道不完，就算是这秋——这别人眼中无限肃杀的秋，她也深深地眷恋着。她不厌它的凄冷，不怨它的寂寥，不恨它的肃杀，一切的一切，只因为她深深地爱着这美好年华。她吟咏着春，她品咂着夏，她玩味着秋，她思索着冬。她爱着的是生活本身，是在向生命发出最崇高的礼赞。

易安是用她的生命去写诗，也是用诗去表达她的生命。快乐时，她从不故作忧伤；伤心处，她也从不强颜欢笑。她的诗，就是她的心灵史。

何处合成愁，离人心上秋。只是此时的易安是多么的快乐，怎会有忧愁？她还没有经历那许多的伤感别离和苦痛折磨。此时此刻，她的心上秋决不是愁绪，只是少女心事，淡淡的殷红，恰似西天的晚霞一抹。

海棠依旧，绿肥红瘦

> **如梦令·昨夜雨疏风骤**
> 昨夜雨疏风骤，浓睡不消残酒。试问卷帘人，——却道"海棠依旧"。知否，知否？应是绿肥红瘦！

宋代惠洪和尚的《冷斋夜话》中，记载了这样一个故事：昔时，唐明皇在香亭召见杨贵妃，恰巧此时的杨贵妃宿醉未醒。唐明皇只得命侍女搀扶着杨贵妃登上香亭。酒后的杨贵妃，香腮上娇红点点，不知是因酒醉而红，还是因残妆而艳，鬓发缭乱，金钗横斜，自有一番说不出的韵味。杨贵妃本就娇软的身躯，因醉酒而更显无力，不能为唐明皇行礼。明皇不气反笑，说道："这哪里是贵妃醉酒，分明是睡眼惺忪的海棠。"这就是"海棠春睡"的由来。或许正是因为这个缘故，海棠又被称为"花中贵妃"。

风流名士们，自然免不了竞相吟咏这尤物。

东坡先生曾有诗云："东风袅袅泛崇光，香雾空蒙月转廊。只恐夜深花睡去，故烧高烛照红妆。"东风、香雾都不过是这"花中贵妃"的布景，只有海棠才是主角。夜深了，月亮最是不解风情，转过了回廊，还怎能看清这娇艳的俏脸？这海棠也会睡去吗？而如若再不得见这美好的容颜，岂非人生第一等的憾事？姑且点上一支高烛，借着那点点烛光，把它看个够。人说东坡先生最恨海棠无香，殊不知，这才显出造物主的公平。海棠的容颜已然那般美好，若是再有那馥郁的芬芳，岂不占尽了春色，旁的花还要不要活呢？而即便海棠无香，也未见有不爱海棠者。

诗人郑谷也做过一首《海棠》诗："春风用意匀颜色，销得携觞与赋诗。秾丽最宜新著雨，娇娆全在欲开时。莫愁粉黛临窗懒，梁广丹青点笔迟。朝醉暮吟看不足，羡他蝴蝶宿深枝。"当百代之下，难有人敌的莫愁，都已经成为海棠的陪衬，足见诗人对海棠的爱慕之深、赞赏之切。就算是最善画海棠的梁广，也难以画出它的韵味来。最美的景致，总是难以用丹青涂抹出来的。那穿花的蝴蝶，最引起他的妒忌，只为它们能够靠近那海棠，一亲芳泽。

词人刘克庄在《满江红》的下阕写道："时易过，春难占。欢事薄,才情欠。觉芳心欲诉,冶容微敛。四畔人来攀折去,一番雨有离披渐。更那堪、几阵夜来风,吹千点。"旁人只看到海棠花开时的娇媚,只有刘克庄看到海棠花落时的落寞。诗人的苦化作了泪,抛向了海棠,流向了心里。他不忍,不忍再看下去,看到这海棠的彻底凋残;他不忍,不忍再写下去,将海棠的凄苦悉数展露在读者面前。只有诗人才有这般细腻的情怀,给予海棠无限的怜惜。

诗人是敏感而多情的,一枝花的开与败总是能够引起他们的喜与悲。

易安是爱花的,又怎能不爱这冶艳的海棠?而花会开,就总是会败的。偏逢这风雨交加的夜,这树海棠的命运岂非太过凄苦?花开之时,人们越是爱慕它的娇艳;败落之时,也就越是伤感它的凋残。正如我们不愿看见美人迟暮一般,也没有人愿意看见一树海棠凋零。"花开堪折直须折,莫待无花空折枝。"而这醉人的海棠,又有谁忍心摘下呢?无他,只有趁着花还灿烂,贪婪地将它看个够。

天空开始飘雨了,不是"天街小雨润如酥",也不是"随风潜入夜,润物细无声",而是"春潮带雨晚来急"。海棠的娇躯,怎经得起这般摧折?

无情的风雨,不要去摧折它了吧,你就那样艳羡它的美吗？到了妒忌的地步，一定要将它摧残净尽才罢休。风雨不只磨折着海棠，也磨折着易安的心。她不愿见证这海棠的凋零，她也不愿错过最后一次欣赏这海棠的机会。心乱，乱成了一团麻。是这天气搅乱了她的心，这无情的风雨，这将尽的春，带来了不绝如缕的愁绪。喝上三杯两盏淡酒吧，酒最是能消忧的，浇灭了这满怀春愁。喝着喝着，便沉沉地醉了，沉沉地睡去了，只是睡梦里，依然惦念着那树海棠，它们还好吗？可还在盛开着，一如从前的模样？

天光大亮了，最牵肠挂肚的，还是那树海棠。她多想掀开那道帘，看一看那魂牵梦萦的花。可她又多怕，怕见到满枝尽是绿叶，再无一朵海棠。韩偓有诗云："昨夜三更雨，临明一阵寒。海棠花在否？侧卧卷帘看。"诗中之人尚敢卷开帘子去看一看那海棠，而易安却连卷帘的勇气都不曾有。张炎云："莫开帘。怕见飞花，怕听啼鹃。"易安的心境，恐怕也是如此吧。

丫鬟走了进来，是如旧的笑靥，了无忧愁，她又怎知，那海棠经历了命运怎样的折磨。

"那些海棠，它们还好吗？"她终于问出了这句藏在心间良久的话。

"和平常并无大分别呀！"丫鬟的语气那般轻松，还透着隐约的笑意。

呵，怎么会无大分别呢？经历了那样的凄风和苦雨，经历了那样的摧残和磨折，还会无大分别吗？

"知道吗，你知道吗？那绿叶一定占满了枝头，而那花朵一定凋零了太多！"

是在说花，也是在说自己。

此时的易安，大概还是一个待字闺中的少女。女人总是害怕容颜衰老。一朵花的凋零，注定引起她们时不我待的悲哀。海棠花落了，明年还会再开，而年华流逝了，又怎会再重来？

花有重开日，人无年少时。

"去年燕子天涯，今年燕子谁家？三月休听夜雨，如今不是催花。"不是催花，催的又是什么呢？怕就是这容颜吧。休管她是不是"一代词宗"，休管她是不是才华盖世，此时的她，只是一个待字闺中的少女，等待着心上人的垂爱。

宋代陈郁在《藏一话腴》中这样评价这首小词："李易安工造语，《如梦令》'绿肥红瘦'之句，天下称之。"王士禛更是称赏它"人工天巧，可称绝唱"。这首小词的出现，更加奠定了她"词女"的地位，追捧之人日众。我们不知道，这其中是否就有那个太学生赵明诚。我们也不知道，是否就是因了"词女"的称呼叫得响了，赵明诚才想到了那个"词女之夫"

的把戏。我们只知道，一切才刚刚开始，而他们的故事还很长、很长……

《红楼梦》中，红楼儿女们也是结过"海棠诗社"的。而当大观园已成为过往，当众人纷纷流落他方，一切都只成为生命中曾有过的装点，偶然回首，美好得不像真实存在过一样。或许对于易安也是如此，很多年后，她回顾这样一个清晨，回顾"绿肥红瘦"的慨叹，方知一切不过富贵闲愁。

虽是一瞥，却已惊鸿

> **点绛唇·蹴罢秋千**
> 蹴罢秋千，起来慵整纤纤手。
> 露浓花瘦，薄汗轻衣透。
> 见客入来，袜刬金钗溜。和羞走，倚门回首，却把青梅嗅。

说起秋千，总是会想起那许多俏丽的脸庞，和那许多飘飞的衣袂。秋千，多少欢歌结在上面，又多少绮梦系在上面。罗裙飘荡，笑语欢腾。随着秋千一摆一摆，欢歌散向了远方，绮梦也飞向了远方，飞向那不知名的尽头，飞向少年的心里，落地生根。

"满街杨柳绿丝烟，画出清明二月天。好是隔帘花树动，女郎撩乱送秋千。"那是秋千架下的相遇。草长莺飞，初春时节，烂漫的不只是春景，还有懵懂的少女与少年。少女的秋千缭乱了花树，缭乱了莺歌燕舞的春。那白马金羁的少年是否也看到了这一幕，如同亘古中的惊鸿一瞥，从此就算隔了千万里、过了几十年，还是忘不了当年的那个人。

"墙里秋千墙外道，墙外行人，墙里佳人笑。笑渐不闻声渐悄，多情却被无情恼。"那是秋千架下的思恋。矮矮的一道墙，挡住了院中的人，却挡不住思念的心，那笑语是因为我吗？告诉我她的心儿也和我的一样，告诉我她的思恋也同我的一般。为何那笑声渐渐微弱了呢？是她的思恋渐渐淡了吗？是她的心渐渐冷了吗？心儿揪紧了，步子急促了，那矮矮的墙挡住了我的去路，却无法把我的思恋一并挡住。只是从此，看到了秋千，就听到了那银铃般的笑，看到了那如花般的面庞。

"西园日日扫林亭，依旧赏新晴。黄蜂频扑秋千索，有当时、纤手香凝。惆怅双鸳不到，幽阶一夜苔生。"那是秋千架下的追念。虽然那面容早已不在，只剩下"愁草瘗花铭"，但死亡可以扼止生命的脚步，却从来无法止息痛苦的追念。曾有过的誓言怎会忘，曾有过的美好怎会消？秋千架成了她最别致的墓碑。丝丝绿柳浮动，仿若她的衣袂飘摆，这一世都忘不了她的容颜，和我对她的爱恋。

秋千架下有着多少故事啊，岁月的车轮滚滚向前，那些逝去的往昔或许早已淹没在历史的尘埃里，只有那秋千依旧随风荡着、荡着……

"一声笑语谁家女，秋千映、红粉墙西。"是谁家的女儿，在这撩人的春色里荡着秋千？她没有严整的妆容，也没有华丽的衣衫，只有随风飘荡的袅娜娇躯，和脸颊上的点点绯红。多么娇俏的一个姑娘，许是荡得久了、累了、乏了，只见她轻巧地跳下秋千。她才不会背面秋千下，何须那般矫揉造作，这里是我的后园、我的天地。露浓花瘦，初夏时节了，难怪手上汗津津的，倦极了，姑且不去管它。秋千架上春衫薄，怎禁得起那淋漓的香汗？汗湿了罗裙，勾勒出袅娜娇躯，散乱了发丝，平添出几分娇媚。

那渐渐近了的是脚步声吗？惊走了莺，惊飞了燕，也惊住了我的心。发丝缭乱，罗裙透湿，怎能让人看到我这般狼狈，姑且逃开这是非之地，躲他一躲，避他一避。仓皇中，划破了袜，也掉落了钗，只是她的面孔依旧那般动人，像极了那青春萌动的小周后："花明月黯笼轻雾，今宵好向郎边去。袜划步香阶，手提金缕鞋。画堂南畔见，一向偎人颤。奴为出来难，教君恣意怜。"

可是闺阁中的女儿也可以这样恣肆吗？王灼在《碧鸡漫志》中这样评价她："作长短句，能曲折尽人意，轻巧尖新，姿态百出。闾巷荒淫之语，肆意落笔。自古缙绅之家能文妇女，未见如此无顾藉也。"易安固然听不到这话，可就算她听到了，也不过付之一笑罢了。"闾巷"怎样，"荒淫"又如何？她不奢求世人的赞美，也不在意世人的诋毁，只是这血肉是真的，情意也是真的，又有什么好怕，又有什么不能说的？这也时时顾虑，那也时时小心，空负了那几十年光阴，岂非白白来这世上走了一遭？

眼看那青梅都已成熟，该是多么香甜！姑且停下我的脚步，嗅一嗅它的馥郁芬芳。可不要以为我在偷看你的模样，我只是爱这初熟的青梅。在不经意间，那少年的容颜却早已落在眼里，印在心间。

借口，从来都是蹩脚的理由。而只有他，值得她如此大费周章。

青春，本来就是用来放肆的。就算是和羞走，也还是要倚门回首。那是怎样多情的回眸！或许正如秦观所说，"金风玉露一相逢，便胜却人间无数"；或许是杨贵妃看向唐明皇的那一眼，从此"回眸一笑百媚生，六宫粉黛无颜色"；又或许是崔莺莺看向张生的那一眼，"东风摇曳垂杨线，游丝牵惹桃花片，珠帘掩映芙蓉面"。只那一眼，便是一生一世。

这首小词像极了韩偓的《遇见》："秋千打困解罗裙，指点醍醐索一尊。见客入来和笑走，手搓梅子映中门。"如此相似的经历，岂非让人质疑？古代本就有斗诗的传统，又或者这本就是易安敷衍其事，显示自己的诗才也未可知。只是我宁愿相信，一切都是真实的写照，而那渐渐近了的脚步声，确乎属于那个太学生，那个与她牵绊了一生的人——赵明诚。

元代伊世珍在《琅嬛记》中记载了这样一个故事。赵明诚到了该娶亲的年岁，父亲要为他择一佳妇。一天，赵明诚白日里做了一个梦，醒来以后忘记了梦境，却只记得三句话，"言与司合，安上已脱，芝芙草拔"，他把这三句话告诉了父亲，询问父亲是否有深意在其中。父亲为他解释道："这是预示你要娶一位会作词的女子当妻子。'言与司合'，是一个'词'字；'安'字去掉上半边，是一个'女'字；'芝''芙'去掉草字头，是'之夫'二字。'词女之夫'，难道不是这个意思吗？"后来，李清照果真嫁给了赵明诚。

是冥冥中注定的佳偶天成，还是有心之人的雕虫小技？

当时，李清照的父亲李格非和赵明诚的父亲赵挺之分属于不同的政治派别。北宋时期的政治斗争是极为严酷的，此时却恰好和缓了下来，而这或可看作赵李二人结合的"天时"；李清照千里迢迢从山东明水来到都城汴京，来到赵明诚的所在，这姑且算作"地利"；而"人和"呢？或许只有赵明诚才能为这个词做最完美的注解。

人们总是爱听故事，只是故事中人的悲喜，或许他们永远难以真正体会。谁有一双眼，能看尽平生？谁又曾想到，他们日后的岁月里会充满伤痛？只是就算他们知道，也不会后悔今日的一个回眸。那一瞥，已落雁惊鸿。

秋千架下，梅子树边，女儿的一颗心早已被撩乱。

欲黄昏，雨打梨花深闭门

> 浣溪沙·春景·小院闲窗春已深
> 小院闲窗春已深，重帘未卷影沉沉，倚楼无语理瑶琴。
> 远岫出山催薄暮，细风吹雨弄轻阴，梨花欲谢恐难禁。

梨花院落，春色正浓，为何不打开窗子，将这春光欣赏？细看来，哪里只是没有开窗，连那重重的帘幕都不曾卷起，屋子里是昏昏暗暗的一片。她的满怀愁绪是因了什么，又或者，是因了谁？是那个太学生吗？听说他做了一个饶有深意的梦，那梦里是怎么说的来着，"言与司合，安上已脱，芝芙草拔"，合起来是四个字："词女之夫"。哪里会有这么奇怪的梦呢？说的又多像是自己，难不成是他有意为之？她不敢去想，稍一提及，就飞红了双颊。听说那人爱好金石收藏，这一点倒是像极了自己。不是说好不想了吗，怎么思绪偏偏由不得自己，飞到那不知名的所在，那少年的心里。

尽日都是如此这般，百无聊赖。谁能看破我的思绪呢，谁又能解我的百结愁肠？或许，只有瑶琴能够真正懂得，我也只将心事诉与它听。

昔时，司马相如在卓王孙家里见到了新寡的卓文君，那是一种怎样的相逢，只觉得"动地惊天"四字都不足以概括。司马相如的一曲《凤求凰》撩动了卓文君的芳心，激起了卓文君的爱恋。"何缘交颈为鸳鸯，胡颉颃兮共翱翔"，司马相如将他的心事付与瑶琴，呼唤他心中的人儿，期盼与她共结连理。"双翼俱起翻高飞，无感我思使余悲"，幸运的是，卓文君感受得到他的真心。从此，千里万里，她都追随到底；从此，百年千年，一段佳话流传至今。

"梦入江南烟水路，行尽江南，不与离人遇。睡里消魂无说处，觉来惆怅消魂误。欲尽此情书尺素，浮雁沉鱼，终了无凭据。却倚缓弦歌别绪，断肠移破秦筝柱。"人们总认为，鱼雁传书是最浪漫的表白，可字迹总是会模糊，湮没无闻，最后了无痕迹，又如何证明两颗心曾紧紧贴近？什么才是永恒呢？或许除了一颗真心，真的再无他物。那就让我把满怀的心事付与瑶琴吧，我知道，你总会懂。

"夜初长，人近别，梦断一窗残月。鹦鹉睡，蟋蟀鸣，西风寒未成。红蜡烛，半棋局，床上画屏山绿。搴绣幌，倚瑶琴，前欢泪满襟。"在寂静的夜里，轻按琴弦，却为何会有满怀的愁绪和满襟的泪？原来是因了那个人的离开，自此只有愁苦和寂寞与她相伴。弹一曲离愁别绪，诉说尽相思，等待着他归来。

我心上的人儿，你可曾听懂我的琴曲，你可曾读懂我的心事，你又可曾知道在那无数个黎明与无数个暗夜里，我是怎样思念着你？

"云无心以出岫"，薄暮时分，又是一天将要过去。我只有伴着我的孤独、我的相思、我的爱恋，看着云卷云舒，看着日出日落，看着年华如流水一般逝去，再不回头。从前的溪亭日暮，从前的百花深处，一切多美好，只是如今想来，只觉得百无聊赖。那是回不去的曾经，寻不到的过往，因为有了一个他，因为我深深地把他思念，再无他法。而他呢，他也同样思念着我吗，他的思念也会如我一般吗？思念真的会有尽头吗？我不知道，我只知道每一天都是无尽的凄苦，我只知道每一天都是痛楚的煎熬。胡适写道"本想不相思，为怕相思苦，几番细思量，宁可相思苦"。比起思念的痛苦，我更怕从来不曾拥有这份思念。可几经辗转，依旧不后悔当初的遇见。

云渐渐地暗了，斜风细雨，最恨这恼人的天气。而经过了风雨的摧折，那满园的梨花也凋落了许多吧？那么我的年华呢？是否会随着这梨花的枯萎也一并枯萎，是否会随着这梨花的凋落也一并凋落？我怕容颜逝去，厌风雨凄苦，恨这恼人的残春。

"萋萋芳草忆王孙。柳外楼高空断魂。杜宇声声不忍闻。欲黄昏。雨打梨花深闭门。"雨打梨花，从前看来，是多么烂漫的景致，到如今，只觉出无名的愁绪。相思的凄苦，而今终于懂得。

"淮阳多病偶求欢，客袖侵霜与烛盘。砌下梨花一堆雪，明年谁此凭阑干？"明年的我自己呢，又将身在何方，那时还会有此时的心境来欣赏此时的梨花吗？

"梨花淡白柳深青，柳絮飞时花满城。惆怅东栏一株雪，人生看得几清明？"人生短促，无可奈何。青春年少，分明是春天的气息，我却只拥有秋的心境。就算将这人生看破，能减轻这思念吗？

在这梨花院落里，我也曾看过云卷云舒，我也曾看过夕阳西沉，我也曾看过月色溶溶，而今为何眼中只有这并不缤纷的落花。是我的心早已被思念所占据，早已被爱恋所填满，再容不下其他，再也不复当年的光景。

"一曲新词酒一杯，去年天气旧亭台。夕阳西下几时回？

无可奈何花落去,似曾相识燕归来。小园香径独徘徊。"或许这才是我此刻的写照吧。我明白,花开花落自有时,可终究难掩失落与悲伤。我知道,韶华易逝终难禁,可怎样也逃不开痛楚与伤怀。我的眼里满是等待的焦灼,他为何迟迟不来看我?

花开花落,我也无可奈何。容颜将老,我也别无他法。我还是要用我将尽的青春等待着你,虽然这等待让我备受煎熬,我还是只愿把我的青春付与你。我的容颜只为你而灿烂,此刻,永远。

望穿秋水，艳羡双飞燕

> **浣溪沙·淡荡春光寒食天**
>
> 淡荡春光寒食天，玉炉沉水袅残烟，梦回山枕隐花钿。
>
> 海燕未来人斗草，江梅已过柳生绵。黄昏疏雨湿秋千。

寒食节，通常在清明节前的一两天。梁代宗懔在《荆楚岁时记》中是这样记载的："去冬节一百五日，即有疾风甚雨，谓之寒食，禁火三日。"关于寒食节，有一个流传久远的故事。相传，春秋时期，晋国发生内乱，晋献公的儿子重耳（即晋文公）出逃，跟他一同出奔的臣子介子推曾经割股为他充饥，并辅佐他最终夺得王位。而当晋文公分封群臣时却忘记了介子推。介子推不愿夸功争宠，携老母隐居于绵山。晋文公得知后放火焚山，本想逼介子推露面，结果介子推抱着母亲被烧死在一棵大树下。为了纪念介子推，晋文公下令在介子推死难之日不生火做饭,要吃冷食,称为寒食节。

这是一个春光和煦的日子,香炉里的沉香快要烧尽了,只剩下袅袅余烟,正如晏殊所云,"翠叶藏莺,朱帘隔燕。炉香静逐游丝转"。这样明媚的日子,她为何不去踏青游玩,白白地躺在这里,岂不辜负了这醉人的春光?或许反倒是陆机,最能猜透小女儿的心思,"幽居之女,非无怀春之情"?是什么扰了她的清梦吗?只见她不情愿地睁开了惺忪的睡眼,凌乱的发丝铺散在枕头上,无限的娇羞,无限的妩媚。梦见了谁呢?是那个太学生吗?那个她倚门回首时瞥见的少年,那个"词女之夫",如若果真如此,那真可谓是绮梦了。可不管那梦境有多美好,醒来之后依旧是了无痕迹。她的怅恨是因为这个吗,还是因为在这淡荡的春光里依旧寻不见他的影踪?

春光正好,往年成双飞来的海燕,今年怎么错过了归期?望穿了秋水,也望不见它们的踪迹。是为了怕那待字闺中的女儿看见它们成双而难过心伤吗,所以它们迟迟不归来?不过,她也真的艳羡这千万里不离不弃的追随。她和她那心上的人儿,也会有这样的光景吗,会吗,又是在何时?

海燕误了归期,伙伴们可不能负了这无限春光,她们欢快地斗起了百草。斗百草最早的记载见于《荆楚岁时记》:"五月五日,谓之浴兰节。荆楚人并踏百草,又有斗百草之戏。"

一直到唐宋，都还延续着这样的传统。晏殊的《破阵子》中不是写过这样的句子吗，"燕子来时新社，梨花落后清明。池上碧苔三四点，叶底黄鹂一两声。日长飞絮轻。巧笑东邻女伴，采桑径里逢迎。疑怪昨宵春梦好，原是今朝斗草赢，笑从双脸生。"那些少女们该是多么欢快，而当年沉醉不知归路的易安呢，她为何不加入这些少女的行列？曾经的欢快呢，曾经的洒脱呢，随着岁月也一并流逝掉了吗？她也想重拾旧日的笑语欢歌，重拾往昔的灿烂年华，只是有些事，过去了就是过去了，不再回来。那些小女儿的情趣属于昨天，属于那被埋葬的过往，却不属于现在。现在萦绕着她的是无尽的相思与哀愁，还如何找回那错过了的自己？那个自己，在属于她的年华里灿烂着，而现在的自己，独自品咂着相思的况味。昔日的伙伴们呼唤着她，"快来啊，和我们一起！"她无暇顾及，她不想理会，她的容颜，而今只为一人姣好，她的所有都已化作了等待的焦灼。一切，像极了席慕容的一首小诗：

如何让你遇见我

在我最美丽的时刻

为这

我已在佛前求了五百年

求佛让我们结一段尘缘

佛于是把我化做一棵树

长在你必经的路旁

阳光下

慎重地开满了花

朵朵都是我前世的盼望

当你走近

请你细听

那颤抖的叶

是我等待的热情

而当你终于无视地走过

在你身后落了一地的

朋友啊

那不是花瓣

那是我凋零的心

幸运的是，她的心没有凋零，而他们也终于共结连理。

江梅的花期已过，清明早已不是属于它们的时节。杜甫有诗云："梅蕊腊前破，梅花年后多。绝知春意好，最奈客愁何？雪树元同色，江风亦自波。故园不可见，巫岫郁嵯峨。"梅花注定属于那素裹银装的冬，柳絮才是春的主角。就算还有几分留恋和几分不舍，也终于难以抵挡梅花渐落、梅子渐熟。

冬天是属于梅的，春天是属于柳絮的。杜甫有诗云："肠断江春欲尽头，杖藜徐步立芳洲。颠狂柳絮随风去，轻薄桃花逐水流。"不要这样漫天地飞吧，是要告诉她已是春深了吗，是要告诉她又是一年光景了吗？那逐着流水东去的，哪里只是柳絮杨花，分明还有她的青春和她的娇艳年华。她又能怎样呢？父亲要为她择一门好亲事，却迟迟定不下婚期。可怕，容颜将老；可恨，那心上人身在何处；可恶，这杨花还是漫天飘飞。

又是黄昏了，最是难耐时刻。黄昏过去了，又是那漫长的无尽头的黑夜，人说黑夜恼人，可在她看来也不过如此。自从遇见了他，终日浸在思念的凄苦里，白天、黑夜哪里会有什么大分别。"纱窗日落渐黄昏，金屋无人见泪痕。寂寞空庭春欲晚，梨花满地不开门。"不开门，锁住的哪里只是那个人儿，还有那颗孤寂的心。易安，真真能道得出个中三昧。

下雨了，丝丝细雨打湿了她的秋千。秋千，唐明皇呼之为"半仙戏"，是少女们最喜爱的游戏。那里有过她多少欢乐啊，而今看来，早已是恍如隔世，在她的身上再也找不到当年无忧少女的半点痕迹。她是真的有过那样的欢乐吗，或许连她自己都会去质疑。曾经，怎能沉浸在那样小小的幸福与喜悦里无法自拔？而如今，世易时移，非复当年的光景，她的生命里从此只装得下他一个人。爱情，从来都这般无理。

"楼外垂杨千万缕，欲系青春，少住春还去。犹自风前飘柳絮，随春且看归何处？绿满山川闻杜宇，便做无情，莫也愁人苦。把酒送春春不语，黄昏却下潇潇雨。"这首《蝶恋花》出自朱淑真之手。一样的垂杨，一样的柳絮，一样的黄昏，一样的细雨，或许还有那一样的百结愁肠。也许，真的只有女儿，才能体会女儿的心，才能读懂女儿的情愁。

寒食节里的百无聊赖，与家国无关，只是一场春事，有关相思。

月梳梳，花底离愁雨

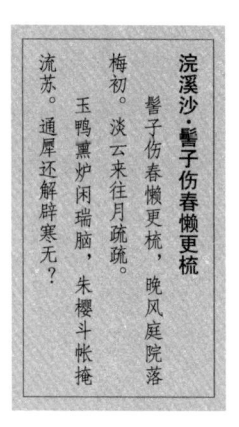

> **浣溪沙·髻子伤春懒更梳**
>
> 髻子伤春懒更梳，晚风庭院落梅初。淡云来往月疏疏。
>
> 玉鸭熏炉闲瑞脑，朱樱斗帐掩流苏。通犀还解辟寒无？

在古代，女子到了十五岁的时候，要举行"笄礼"，表示成年，也表示到了婚嫁的年纪。从此，散乱的发丝归拢了起来，梳成一个髻子。揽镜自顾，那髻子怎么斜斜地垂着，是它也在为这春天而伤怀吗？姑且让它垂着吧，她已无心再打理，她也恨这恼人的春，更恨连这春也将尽。

又一阵晚风吹过那寂寞的庭院，吹落了几瓣梅花，吹拂着她的一怀愁绪。一片花飞减却春，要不了多久，就又是风飘万点正愁人了。她的寂寞，她的孤独，谁能懂？她是多怕那繁花落尽的时刻，送别那一个个昔时盛开的容颜，而镜中的她自己呢，是否繁华也将要凋零尽？

> 摽有梅，其实七兮。求我庶士，迨其吉兮！
> 摽有梅，其实三兮。求我庶士，迨其今兮！
> 摽有梅，顷筐塈之。求我庶士，迨其谓之！

那是远古的《诗经》中的一首短诗，与此时的易安可谓是异代知音。又或者，古往今来，但凡有落花，便有女儿的凄苦。她们怕，怕时光荏苒，非复旧日时光；怕年华消逝，美好岁月不再；怕容颜渐老，求我庶士不来。那个口口声声诉说着爱恋的人儿呢？呵，他从未表白过他的真心，可"词女之夫"不正是最好的倾诉吗？而今他在哪里，在何方，他看不到这落梅吗？看不到随风飘零的少女心绪吗？

所幸的是，还没到那"砌下落梅如雪乱，拂了一身还满"的时节。空寂的庭院里，只有淡淡的云和溶溶的月。可是自此，她的心中还会断了悲伤吗？她就这样看着，看着梅花一瓣一瓣地凋，一片一片地落。从今起，她只有日日数着那梅花，看着它日渐稀少，最后终于全都凋谢，一并凋谢的，或许还有她的容颜，她的青春年少的心。

那玉鸭形的熏炉多么别致，那炉中的瑞脑也名贵异常。昔时，她是多么爱这香料，总是燃着一室芳馨。而如今呢？髻子低垂，她无心梳理；瑞脑闲掷，她无心点燃。她的心思飞向了哪里，她的愁绪又是为着什么？是谁夺走了她的快乐，她的青葱岁月，她的无忧时光？她恨他吗，那个偷走了她的心的人？怎会，殊不知，思念虽有淡淡的悲和淡淡的愁，却也自有它淡淡的快乐。思念是心间翻滚的暖流，有时流得慢一点，如细水淙淙，心中是那样的温暖、那样的满。有时候流得快一些，如江潮奔涌，心中是那样的痛楚、那样的苦。可无论是快乐还是悲苦，她还是感恩上苍，让她遇到这样一个人儿，从此她的心有了寄托之所。

《孔雀东南飞》中有一句，红罗覆斗帐，四角垂香囊。那樱桃红色的罗帐多么华贵，那丝丝流苏又是多么精美。每一个少女都曾期待着这样的睡榻吧，躺在里面，一定舒服极了。可她为何迟迟不肯安歇？只见她轻轻地把目光调转，落到那昔年留下的犀角上。

《开元天宝遗事》中记载着这样一个故事：开元二年（公元714年）的冬至时节，交趾国进贡了一只犀牛角，颜色是明黄色的，灿烂得好比耀眼的黄金。使者命人用金盘装着这犀牛角，放置在大殿之中，顿时有阵阵的暖气袭来。皇上不解，询问是何缘故，使者回答说："这犀牛角叫作辟寒犀，名贵异常,我国上一次收到这犀牛角贡品,还是在隋文帝在位之时。"

不知这昔年的犀角,还能不能赶走这屋子中的逼人寒气,这般冰冷,她又怎能安睡呢?只是不知,究竟是这屋子冷,还是她的心更冷几分。屋子冷,尚且可用犀角避寒;可心冷呢,又能有谁来温暖?思念的岁月是漫长而凄苦的,又能与何人道,又能向何人说?

人们都说,易安生活优渥,虽算不上富贵,但也绝不寒酸,为何这般愁苦?殊不知,她也自有她的难处。襁褓丧母的悲哀,怎是一般人所能经历,又怎是一般人能够明白的?虽然后母对她极好,但终究不是亲生,始终有着膈膜。她的相思、她的爱恋怎能对后母道呢?"泛彼柏舟,在彼中河。髧彼两髦,实维我仪。之死矢靡他。母也天只!不谅人只!"如果是亲母,或许她也能这样要赖撒娇吧,只是没有那"如果",她只有把愁苦悉数藏进心间,恹恹地,总觉不出生活的滋味。

晏殊曾作了一首名为《玉楼春》的小词:"绿杨芳草长亭路,年少抛人容易去。楼头残梦五更钟,花底离愁三月雨。无情不似多情苦,一寸还成千万缕。天涯地角有穷时,只有相思无尽处。"

此刻,那绵绵流淌在易安心底的,恰是那无尽的相思。

天涯有穷，相思无尽

浣溪沙·莫许杯深琥珀浓

莫许杯深琥珀浓，未成沉醉意先融。疏钟已应晚来风。

瑞脑香消魂梦断，辟寒金小髻鬟松。醒时空对烛花红。

酒，从来都是诗人骚客的朋友。易安自然也是爱酒之人，"常记溪亭日暮，沉醉不知归路"，尽兴时，有酒；"昨夜雨疏风骤。浓睡不消残酒"，伤感时，有酒；"三杯两盏淡酒，怎敌他晓来风急"，痛绝时，亦有酒。那深深浅浅的一滴一口，滋润着味蕾，沁入了心脾，是否真的能把悲伤带走？更多的时候，来不及细想就已沉醉，醉入另一个世界里，另一个天地间，再无凄苦。那杯越是深，那酒越是浓，才越能尽兴、越能消忧。那琥珀色的杯中物，浸润着愁肠，缓缓流淌，只化作几滴相思的清泪，顺着那娇俏的脸庞，滴滴落下。

韦庄在《菩萨蛮》中写酒："劝君今夜须沈醉，尊前莫话明朝事。珍重主人心，酒深情亦深。须愁春漏短，莫诉金杯满。遇酒且呵呵，人生能几何。"姑且醉上一回又何妨，怎能辜负了主人的情意深重。春宵一刻值千金，快乐总是那么短，痛苦又往往是那么长。还说什么酒斟得太满，干尽了这杯吧，明天会如何，前途会怎样，休去管，如果苦涩注定有那么多，又何妨苦中作乐。

黄庭坚在《定风波》中写酒："把酒花前欲问溪。问溪何事晚声悲。名利往来人尽老。谁道。溪声今古有休时。且共玉人斟玉醑。休诉。笙歌一曲黛眉低。情似长溪长不断。君看。水声东去月轮西。"淙淙的流水，带走了时光，带走了华年，却带不走悲伤的心。曾几何时，那溪水的声音是多么欢快，而今听来，却只觉得伤悲。那溪流是多么长啊，仿佛一生一世也寻不见它的边际，恰似我的情愁，流不尽，无断绝。抬望眼，只见一轮明月，缓缓向西沉去。

陆游在《蝶恋花》中写酒："禹庙兰亭今古路。一夜清霜，染尽湖边树。鹦鹉杯深君莫诉。他时相遇知何处。冉冉年华留不住。镜里朱颜，毕竟消磨去。一句丁宁君记取。神仙须是闲人做。"那冉冉的年华，你以为阻得住它们的消逝？你又何曾留住那东去的河水！时光消磨了一切，消磨了那镜里昔日的容颜，想这些做甚，徒增烦恼，不如斟满你的鹦鹉杯，把一切的愁苦，咽进肺腑。

只是酒，真的能够解忧吗，又或者，酒入愁肠，只能化作凄苦泪？

才饮了几杯，便有了醉意，或许酒不过是她的借口，她只是寻找一个理由，可以放肆地笑，可以放肆地哭，可以放肆地对他思念与爱恋。而今夜的酒，注定要扮演这样的角色。

习习晚风中传来疏朗的钟声，是"杳杳钟声远"吗？无奈，她没有这般心境，欣赏不了这样的淡远。

瑞脑香燃尽了，易安的魂梦也已断绝，那用辟寒金制成的金钗，曾经是她最心爱的物件，而今只斜斜地坠在发髻间，发髻松了，发丝散乱了，休去管。常言道得好，"女为悦己者容"，而她的"悦己者"在哪儿，她又为谁而容？从前怎知道，思念是这般痛苦？当年姐妹分明道：莫把真心付与他。付出了真心，就一定要承受这许多的痛楚吗？只是为何，她从不后悔，只是在思念的痛楚中品味着爱情的甜蜜。怕只怕，容颜憔悴终将苍老；盼只盼，他不要辜负了这真心才好。

酒会醉，也终究会醒，醉时的时光多好，只一瞬，便忘了烦恼。醒来的时光多难熬，只有红烛伴着她，又是这般寂寞的光景。点点烛光，映红了她的脸，却无法照亮她幽寂的心，她的心太冰冷，哪里是辟寒金能够温暖得了的？那冰冷是因了他，也只有他才能温暖她的心房。

易安在《词论》中曾经这样批评秦观的词："譬如贫家美女，非不妍丽，而终乏富贵态。"何谓"富贵态"呢，是"琥珀浓"，还是"瑞脑香"，是"辟寒金"，还是"烛花红"？再多的布景，始终温暖不了主人的心，而所谓的"富贵"，也不过是昔时留下的物件，而今早已染了斑驳的尘埃。昔年的盛景早已不再，她自己不是也说过"家贫"吗？那许多的愁苦也会与这相关吗，只是易安不是最淡然的女子吗？怎会流连这些身外之物。又或许是愁苦之人，最容易感时伤事，他们的眼睛看不见欢乐，他们的心间也只能感受悲凉。

春晚愁深，此一重悲也；昔时盛景不再，此二重悲也；不知情归何处，此三重悲也。当重重悲伤袭来，她又怎能不凄苦愁绝？

易安还会有昔时的欢乐和那样无虑无忧的华年吗？会的吧，当他们的两颗心终于贴在一起的时候。而那一天何时会来临，她不知道；会不会最终也不会来临，她不去想。她只是紧紧地守护着自己的爱情,就算一切终将无望,她也在所不惜,她只是将最美好的华年付与了他。

酒再浓,杯再满,也终难消解思念的哀愁。

芙蓉开,月移花影盼重逢

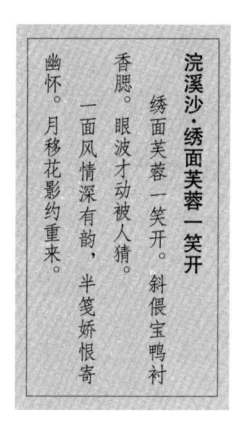

> **浣溪沙·绣面芙蓉一笑开**
>
> 绣面芙蓉一笑开。斜偎宝鸭衬香腮。眼波才动被人猜。
>
> 一面风情深有韵,半笺娇恨寄幽怀。月移花影约重来。

绣面是唐宋以前就有的习俗。女孩子们总是担心自己不够娇艳,偏要在面颊上贴上许多花样才开心。你看那女孩的面上贴的是什么,原来是一朵娇艳的芙蓉,倒真应了白居易的那句诗,"芙蓉如面柳如眉"。只见那女孩清浅一笑,芙蓉便绽放开来。还记得王昌龄写过这样的诗句,"荷叶罗裙一色裁,芙蓉向脸两边开",嫣然一笑,绽开的到底是芙蓉,还是少女美丽的面庞?总之,那少女早已和芙蓉美到了一处。

那宝鸭状的金钗,镶满了五彩宝石,斜斜地簪在发髻上。那芙蓉是多么娇艳,那宝鸭又是多么俏皮,衬着那少女的脸,更显得俏丽多姿。只见她眼波一转,顿觉顾盼生姿,眼眸清亮如斯。"骨重神寒天庙器,一双瞳人剪秋水",诗鬼李贺自然是驱驰语言的天才,而我终究不信那目光美得过这女郎。她是想到了什么呢?只见她低下了头,如一朵水莲花般,不胜娇羞。是怕人猜到她的心思吗?可她分明不曾言语,而此地也分明没有旁人。她是怀着怎样的情愁和怎样的温柔啊!是爱情吧?也只有爱情,能让一个女孩子如此娇羞。

相见时分有多么快乐,离别时分就有多么痛苦。在爱情里,快乐与痛苦总是相伴而生的。一日不见,如三秋兮。多想每天都看到他啊,多想每刻都伴在他身旁。可恨人之多言,亦可畏也,终究不能尽日一处相守,所以也便有了相思的无尽苦楚。

思念的时光是多么难熬,思念的痛苦是多么难耐。在爱情里,从来没有理智可谈,因为它本来就是最烂漫的。姑且放纵一次又何妨,放下了矜持,掩起了娇羞,不管什么人言可畏,也不顾所谓的礼义廉耻,只因她深深地思念着那个梦中人。取一张短笺,写上她的埋怨、她的凄苦、她的娇嗔,落笔处,却只写得出七个字,"月移花影约重来"。立时三刻便能见到那梦中的人儿,所有的嗔怪都变成了等待,所有的烦恼都变成了期许。别笑她,她只是中了爱情的毒,就算深受其苦，也享受这甜蜜的温度。"重来"，可见已不是第一次月下相见了。不是没有万千顾虑，也不是没有胆战心惊，无奈相思的痛苦真真地无法抵挡，她终究要在爱情面前俯首称臣。

还记得《诗经》里的那首短诗吗：

静女其姝，俟我于城隅。爱而不见，搔首踟蹰。
静女其娈，贻我彤管。彤管有炜，说怿女美。
自牧归荑，洵美且异。匪女之为美，美人之贻。

那是一种怎样多情的等待！他等她等得搔首踟蹰，她看他看得笑弯了腰。芳心萌动，也只有那几年的光阴，错过了，这一生便再难有那样的心境了。等待的光阴最是难耐，而青春年少的人儿，最不怕这样的磨折。当许多年后，蓦然回首，他才知道，他的等待从来都只给了她一个人，也只有她，值得他承受那许多苦楚。那红色的箫管一直紧握在他的手心，只因为看到了它，便看到了她的巧笑嫣然。青春年少的爱情最是美好，一如这春光，无限多情，无限缱绻。只有道学家们，最是不解风情。《毛诗序》说："《静女》，刺时也。卫君无道，夫人无德。"何必把它打扮得如此冠冕堂皇，殊不知"思无邪"这话，出自孔圣人之口；何必附上那许多牵强的理由，殊不知少男少女的爱恋，本就是人之常情。

"待月西厢下，迎风户半开。拂墙花影动，疑是玉人来。"

待月西厢，是张生和崔莺莺的过往。怎样骄矜的少女，也抵挡不了那般多情的目光。她等得月亮都已西沉，为何还迟迟不见他的影踪？墙边的花影晃动，是她那心上人到来了吗？心跳得那样紧，面孔也已然一片绯红。

"月移花影约重来"，那是易安和明诚的真实写照吗，又或者只是她灵魂深处的期盼？在无尽的、焦灼的等待中，她无数次地设想过那样的约会吧？"月上柳梢头，人约黄昏后"，那该是怎样多情的相逢。人们总是不愿承认这首小词出自易安之手，他们总觉得易安唱不出那样的靡靡之音，可他们不知道的是，她只是一个少女，她也有无限的情愁啊！

迷离的花影里，隐约的月色中，那面似芙蓉眉似柳的少女，伫立凝望。"似此星辰非昨夜，为谁风露立中宵。"只为那多情的少年，只为当年的那一眼，此生就已注定沉沦。

梅锁春寒，不与群花比

> **渔家傲·雪里已知春信至**
> 雪里已知春信至，寒梅点缀琼枝腻。香脸半开娇旖旎，当庭际，玉人浴出新妆洗。
> 造化可能偏有意，故教明月玲珑地。共赏金尊沈绿蚁，莫辞醉，此花不与群花比。

那雪花还在漫天飞舞的时节里，就已经知道了春的归期，是没守住这秘密，谁走露了风声？"前村深雪里，昨夜一枝开"，是那傲雪凌霜的寒梅，透露了春的消息。寒霜里，也只有这梅能与那飞雪嬉戏，旁的花哪里受得了这冰霜的洗礼？

朵朵寒梅，点缀着那斜逸的枝，那枝条本来清癯的身子，经过清霜与白雪的浸润，竟也丰腴了起来。好一个"琼枝腻"，着一"腻"字来形容那梅枝，也真亏易安的如花妙笔，或许也只有她，想得出这样的言语。这梅枝多像《卫风·硕人》中那美丽的女郎："手如柔荑，肤如凝脂，领如蝤蛴，齿如瓠犀，螓首蛾眉。巧笑倩兮，美目盼兮。"那女郎是怎样的显达，"齐侯之子，卫侯之妻。东宫之妹，邢侯之姨"，又是怎样的美丽不可方物。这梅枝又多像曹雪芹在《红楼梦》中所描画的那初次登场的贾迎春："肌肤微丰，合中身材，腮凝新荔，鼻腻鹅脂，温柔沉默，观之可亲。"贾迎春是怎样的富贵，又是怎样的自有一番韵味，自然担得起一个"腻"字。可那梅枝竟也有那般富贵多情吗？易安是怎样爱着那梅啊，连那枝干都恍然成了最动人的少女。

如果梅枝都担得起这样的美誉，梅花又该承受怎样的赞赏？易安最是那擅言辞之人，这又岂能难得住她？"香脸半开娇旖旎，当庭际、玉人浴出新妆洗"，回味处，细思量，梅花的美果然要胜过那梅枝几分。古代有这样的习俗，女子出嫁前几天，要用细线绞掉脸上的汗毛，修齐鬓角，谓之"开脸"。香脸半开，那梅花不正像极了绞净面庞的少女？出嫁，嫁与谁呢，嫁与那寒霜吗，还是嫁与那飞雪？易安才无暇去管，她只在乎，她将情归何处。是那个太学生吗？那个她苦苦思念的人儿，那个也一样苦苦思念着她的人儿。或许这正是易安出嫁前的闲言碎语。

如水的月光，浸润着那娇艳的梅，一如当年，"春寒赐浴华清池，温泉水滑洗凝脂"，只有杨贵妃配得上"春寒赐浴"，也只有这梅担得起这多情的月光。蓦然回首，只见那寒梅正在习习寒风中、溶溶月色里摇曳、徘徊。杨贵妃有她的绝代风华，这寒梅也有她的冷傲冰霜。

"疏影横斜水清浅，暗香浮动月黄昏。"是造物主多情的眷顾吗？月也会有阴晴圆缺，为何偏偏今夜的月色如此温柔？而这样的梅不正是应该在这样的夜里欣赏吗？月玲珑，花影朦胧，这样的美景，怕不是在梦中吧？在这人世间，又能得见几回？只是，哪怕只有这一次，此生便了无遗憾。

良辰美景，是这如水的月夜多情的梅；赏心乐事，是女儿的情怀终于有了寄托之所。这样的痛快淋漓，怎能没有一杯酒呢？尽饮此杯，为这娇艳的梅，为这溶溶的月色，为了她那从此不再孤独寂寞的心。

"绿蚁"，是酒的代称，白居易在《问刘十九》中这样写道："绿蚁新醅酒，红泥小火炉。晚来天欲雪，能饮一杯无？"原来，古时候酿酒是要过滤的，没有过滤过的酒，酒面上会浮起一层细细的沫。偏逢上那酒是绿色的，那泡沫便也是绿的了，乍一看去，就如同一层绿蚁一般，多么妙趣横生的联想！

此时此刻，在这如水的月光中，易安正端起她满斟的金尊。怎能怕喝醉了呢，不干尽了这杯，岂不辜负了这美好而多情的夜，岂不辜负了这独占花魁的梅？又或者，酒未饮，她就早已沉醉，醉在了这如画的仙境里，醉在她多情的期盼里，醉在她如缕的情丝中。

"此花不与群花比"，也只有这寒梅，担得起这般赞誉。易安所咏之寒梅，当为腊梅不假。那腊梅并没有如何高贵的出身，范成大在《范村梅谱》中这样记载道："蜡梅，本非梅类，以其与梅同时，香又相近，色酷似蜜脾，故名蜡梅。凡三种，以子种出，不经接，花小香淡，其品最下，俗谓之狗蝇梅。经接，花疏，虽盛开，花常半含，名磬口梅，言似僧磬之口也。最先开，色深黄如紫檀，花密香秾，名檀香梅，此品最佳。蜡梅，香极清芳，殆过梅香，初不以形状贵也，故难题咏。山谷、简斋但作五言小诗而已。此花多宿叶，结实如垂铃，尖长寸余，又如大桃奴子在其中。""山谷"是黄庭坚的号，他曾作五言小诗云："金蓓锁春寒，恼人香未展。虽无桃李颜，风味极不浅。""简斋"是陈与义的号，他也曾作五言小诗云："一花香十里，更值满枝开。承恩不在貌，谁敢斗香来。"那范成大何其糊涂，哪里是那腊梅难题咏，分明是俗人不识腊梅的气骨。易安何曾只在意花的好颜色，又何曾吟咏过纷飞的桃李。她爱着的，分明是那腊梅的芳魂一缕。

王十朋在《梅花》诗中赞美它道："园林尽摇落，冰雪独相宜。预报春消息，花中第一枝。"是这梅，最早把春来报；是这梅，不畏严寒，不畏凄苦；是这梅，终不屑于和群芳争宠。当夏天百花正好，梅躲避着这番热闹。当冬天它们连枝叶也埋进那残雪里，梅才终于凌寒开放。为什么不开在盛夏里，是怕姿色比不过那群芳，终归逊色？没有，怎会！她只是喜欢这寒冬，只愿绽放在这样的季候。当百花凋残，再无一朵花、一片叶时，她终于绽露了芳姿，是去陪伴那寂寞的寒冬吗，还是她本身就享受这种孤独？只是当春回大地、群芳斗艳，她却只把目光抛向天的尽头，把那繁华让与繁花。正如陆游在《卜算子》中所言："驿外断桥边，寂寞开无主。已是黄昏独自愁，更著风和雨。无意苦争春，一任群芳妒。零落成泥碾作尘，只有香如故。"任凭群芳忌妒吧，她无奈，更不愿与她们言语。去争夺那温柔的春光吧，只是不要打扰她休憩。

"此花不与群花比"，这是怎样直白的赞誉，若出自旁人之口，定然没有这般非凡的气度，只有易安说得出这番气魄，道得出这份磅礴。看似是在说梅，其实是在说自己。而易安，不正是傲骨凌霜的梅花一朵吗？易安也曾以梨花自比，"远岫出山催薄暮，细风吹雨弄轻阴。梨花欲谢恐难禁"，却始终只是小女儿情态；易安也曾以菊花自况，"东篱把酒黄昏后，有暗香盈袖。莫道不消魂，帘卷西风，人比黄花瘦"。只有梅，像煞了易安；也只有易安，配得起这梅。历史上，多少女性，书写了多少篇章，只是到了今时今日，大多已湮没无闻，幸好，在那漫长的历史中，易安被消磨，留存在了世人的心间。

她的一生中写过太多咏梅的诗篇。她是用她的生命去写诗的，也自然是用生命去感受那梅的。此时的梅，是怎样的高傲与冷艳，恰似此时的易安。她是有理由高傲的，富贵传家、诗书继世、优渥无虞的生活、门当户对的婚姻，命运之神是怎样眷顾着她啊，把所有的美好都奉与她。只可惜，世间永远没有一帆风顺的人生，她的悲苦在那以后无尽的岁月中，绵延不绝。到了那一天，那梅花也已堪怜。只是这是日后的故事，留待日后再细细诉说、慢慢品读。

第二辑

生命中无比焦灼的夏：离人相别，心不离

李清照和赵明诚步入美好婚姻生活不久，就经历了他们一生中最大的考验和磨难。此刻正是她生命中无比焦灼的夏。党争的牵连，毁灭了他们原本美满幸福的生活，随之而来的是离人相别、离怀别苦。

群芳凋尽，芍药独摇曳

> **庆清朝·禁幄低张**
>
> 禁幄低张，彤阑巧护，就中独占残春。容华淡伫，绰约俱见天真。待得群花过后，一番风露晓妆新。妖娆艳态，妒风笑月，长殢东君。
>
> 东城边，南陌上，正日烘池馆，竞走香轮。绮筵散日，谁人可继芳尘。更好明光宫殿，几枝先近日边匀。金尊倒，拚了尽烛，不管黄昏。

禁宫中的帷幕低低地垂着，朱彤色的阑干紧紧地围着，为何如此用尽心机，偏不让人将它的芳姿欣赏？人们禁不住好奇，是怎样名贵的花，值得如此大费周章？为只为百花都已凋尽，只有它守着这残春。当它也终于黯然地凋零，就再也没有了满园春色。

容华，从来只形容美丽的女子。曹植在《杂诗》中说："南国有佳人，容华若桃李。"这独占残春的花，仿佛幻化成美丽的江南女子。刘长卿在《王昭君歌》中写道："那知粉绘能相负，却使容华翻误身。"这独占残春的花，恍然又成了沉鱼落雁的明妃。绰约，也从来只形容美人的风姿。白居易在《长恨歌》中说："楼阁玲珑五云起，其中绰约多仙子。"而这花，不正像极了不事雕琢的仙子吗？它不要严妆，视那粉黛如累赘，洗净了铅华，谁说天然不是另一种娇美？

春天尽了，百花也凋残了。有怎样多情的盛开，就有怎样无情的凋零。风露不解风情，摧残着那一个个娇弱的身躯，终于散尽了最后的一缕芳魂。而只有她，殷红了面颊，如同新妆的少女。她有着怎样的妖冶、怎样的艳丽啊。那清风因了她的美而心生怨恨，那明月因了她的美而满心欢喜，她就是有这样的魔力，连那日神都要为她驻足流连，不忍离去。

东君是日神，将那夜色驱散，让那月亮躲藏，"青云衣兮白霓裳，举长矢兮射天狼。操余弧兮反沦降，援北斗兮酌桂浆。撰余辔兮高驼翔，杳冥冥兮以东行"。这是古老的《楚辞》中的句子，赞美东君。或许一切都不过是他着意安排的结果，他迟迟不愿离开，他的照耀只为装点她的芳华烂漫，只为欣赏她的绝世之美。

易安偏好打这哑谜，不肯将她的芳名传递，是她也那样自私吗，不愿让旁人一睹它的艳丽娇美？有人猜测，是那天香国色的牡丹，也只有她，担得起这赞誉。殊不知"牡丹落尽正凄凉，红药开时醉一场"，牡丹没有那样的气魄、那样的精魂一缕，她经不起这风露的洗礼。当牡丹早已凋尽，最终了却了存在过的痕迹，只有芍药还在绽放她的芳姿。岂不晓"东君着意占残春，得得迟开亦有因"，那芍药总是迟迟地开放，不愿与那群芳争美，她只愿证明她才是这残春中的唯一。怎不闻"芍药开残春已尽。红浅香乾，蝶子迷花阵"，当群芳凋尽，芍药依然摇曳在春风里，只有当她也终于凋落，人们才知道春是真的离去了，是她带走了春的痕迹，终结了春的气息。

此时此地，那独占残春者，分明是芍药无疑。

"溱与洧，方涣涣兮。士与女，方秉蕳兮。女曰观乎？士曰既且。且往观乎？洧之外，洵訏且乐。维士与女，伊其相谑，赠之以勺药。"三月三日天气新，溱洧畔的约会是多么美好，我的心事只有你能知晓。相逢有几多美好，离别就有几多烦恼。临别之时，别在你襟上的那一朵，是芍药。

"恨春易去，甚春却向扬州住。微雨，正茧栗梢头弄诗句。红桥二十四，总是行云处。无语，渐半脱宫衣笑相顾。金壶细叶，千朵围歌舞。谁念我、鬓成丝，来此共尊俎。后日西园，绿阴无数。寂寞刘郎，自修花谱。"千朵万朵，随风飘转，她是再也没有那样的华年，如这红花般艳丽。几十年时光一晃，鬓已成霜，她的艳羡，悉数写在眼里。那二十四桥边，不知年年为谁而生的，是芍药。

"四面芍药花飞了一身，满头脸衣襟上皆是红香散乱，手中的扇子在地下，也半被落花埋了，一群蜂蝶闹穰穰地围着她，又用鲛帕包了一包芍药花瓣枕着。众人看了，又是爱，又是笑，忙上来推唤挽扶。"她是多么的潇洒，又是多么的娇憨，她大嚼鹿肉，大饮美酒，却丝毫不见半点娇羞，直说"是真名士自风流"，也只有她，能在这多情的春里醉卧花丛。湘云醉眠，那铺散了她一脸一身的，是芍药。

千叶扬州种，春深霸众芳。

多少人爱慕着她的绝代风华，难以尽数，只知道易安定然是那其中的一个。东城边，南陌上，易安驾着香车，驱着宝马，把她的芬芳追逐，只为看尽她的容颜，记取心间，此生再不忘怀，此生也再无遗憾。那芬芳醉了她的心，染香了她的车轮。正如陆云在《喜霁赋》中说："戢流波于桂水兮，起芳尘于沉泥。"竞逐芳尘，是怎样的浪漫，而追逐的，又何曾只是那芳香的尘土？《宋书·谢灵运传》中有这样的句子："屈平、宋玉，导清源于前；贾谊、相如，振芳尘于后。"这"芳尘"同样代表美好的名声。那芍药，竟也有梅一样的品格，莲一样的风雅吗，否则易安怎会爱着这芍药，仅仅因为她占尽了残春吗？易安爱的，不仅是她的芳姿，还有她的芳魂。是她的坚守，延驻了这残春。

更娇艳妖冶的芍药，还是在那御花园中吧。分明是北宋的宫殿，又为何偏说成"明光宫"？易安自有她的高明之处。"明光宫"，那是汉代的宫殿，为汉武帝所修建。《三辅黄图》中这样记载道："未央宫渐台西有桂宫，中有明光殿，皆金玉珠玑为帘箔，处处明月珠，金陛玉阶，昼夜光明。"又说："武帝求仙起明光宫，发燕赵美女二千人充之。"燕赵本多佳丽，而昔年那明光宫中的美女自然美丽不可方物。不知今时今日，这御花园中的芍药是否差可比拟？

有名花，自然要有名酒。尽饮终日，不要停歇吧！快斟满你的酒，快端起你的杯，趁着这欢乐年头。怕只怕酒喝干了，筵席散了，花也不再开了。姑且一醉方休又如何，烧尽了这烛，不管黄昏日暮，不管夜深露浓。

此时的易安，刚刚嫁与赵明诚，还沉浸在新婚的喜悦与温存中。或许，那同游之人中就有她那新婚的丈夫。那时候的赵明诚还只是太学生，只有初一和十五才能够与易安团聚。每当这个时候，他们总是把那金石字画细细欣赏，短暂的团圆也显得弥足珍贵。佳偶天成，说的也不过如此了吧。此时的她，触目所见，尽是美好，此时的她，正活在她生命中的春天里。

"一声啼鴂画楼东，魏紫姚黄扫地空。多谢化工怜寂寞，尚留芍药殿春风。"当百花凋残，只有芍药收拾着一片残春。此时的易安，只是看着那芍药，品咂着那残春中淡淡的花香与淡淡的哀愁，她又怎会知道，在不久的以后，有怎样的大风波在等待着她。如果说此时是她生命中的春天，那么此刻也已经是残春了吧。可谁又能说，浑然不觉不是另一种美好？起码此刻的她，没有怨恨，也没有伤悲，只有满心的欢喜暖暖地萦绕心头。

正茂芳华，风韵正相宜

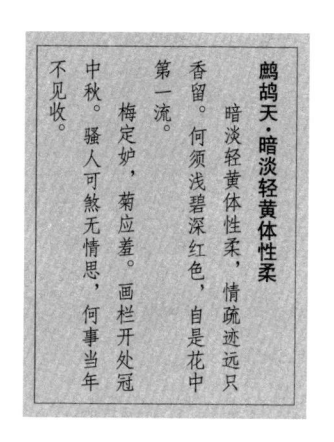

> **鹧鸪天·暗淡轻黄体性柔**
>
> 暗淡轻黄体性柔，情疏迹远只香留。何须浅碧深红色，自是花中第一流。
>
> 梅定妒，菊应羞。画栏开处冠中秋。骚人可煞无情思，何事当年不见收。

"不是人间种，移从月中来。广寒香一点，吹得满山开。"人们总是喜欢传说，仿佛世间之物再美好，也终归会显得凡俗，只有赋予了那几分仙气，才不负这千万里飘香的桂花。

唐代段成式在《酉阳杂俎》中记载道："旧言月中有桂，有蟾蜍。故异书言，月桂高五百丈，下有一人，常斫之，树创随合。人姓吴，名刚，西河人，学仙有过，谪令伐树。"这就是吴刚伐桂的故事。难不成那月宫中，也有满堂芳馨。

《晋书·郤诜传》记载，当年晋武帝问郤诜如何评价自己，郤诜答道："我就像月宫里的一段桂枝，昆仑山上的一块美玉。"后来，便演变成"蟾宫折桂"的典故，用来代指金榜题名。还记得《红楼梦》中黛玉对宝玉的嘲谑:"这一去,可是要蟾宫折桂了。"桂,从来就有着那么多的寄托。

八月是桂花开放的季节,也因此,古人又称八月为"桂月"。而中秋——那月亮最亮最圆的夜晚,也恰在八月,或许就是因为这个原因,芬芳的桂花才与那皎洁的月有了亘古的关联。"桂子月中落,天香云外飘",桂花何以有着那样的芬芳?只因它来自月宫,从不凡俗。

那桂花有着怎样的颜色,它的黄不是灿烂的金黄,也不是尊贵的明黄,而是轻黄,还是那暗淡的轻黄,仿佛凝着一缕淡淡的哀愁。她从不稀罕什么好颜色,从不思谋取悦于人,自有一番别样的风流。

她的娇躯是那般柔软,经得了这秋风的吹拂吗?她的性情是那般温柔,让人忍不住去问候。

"人闲桂花落,夜静春山空。月出惊山鸟,时鸣春涧中。"桂花在那深涧中自开自败,从不强求人的怜惜,也不争夺人的宠爱,花落了,从此被人忘怀,她也从来不在意。"亭亭岩下桂,岁晚独芬芳。叶密千层绿,花开万点黄。"桂花在那岩石下自荣自枯,恰是那人迹罕至的所在。因其喜开在岩下,故而得名"岩桂"。你笑她不与众人言语,她只说她享受这般孤寂。就算花朵飘零,终于了却了存在过的痕迹,就算被人遗忘，无人知晓她曾生长在这岩底，可她的芳馨却依旧飘荡在天际，不绝如缕。

她不需要娇艳的色彩和俏丽的容颜，她只有一缕芳魂，在这世间飘荡。如此这般，在那群芳之中，也已是将那花魁独占。

画阑边，一树桂花静静地开着，静静地吐露着它的芬芳。当此时，荷花已经凋残，梅花尚未吐蕊，菊花虽在盛开，却始终没有桂花的香气。在这中秋时节，她终于成为最美丽的风景、最多情的存在。

此时的易安大概与明诚新婚不久，是怎样的琴瑟和鸣！此时的赵家堪称荣耀满门，赵挺之已做了当朝宰相，确乎是"炙手可热"。赵明诚身处这等官宦之家，又会有怎样的似锦前程！易安总是觉得自己"家贫"，和那煊赫一时的赵家相比，也确实如此。李清照的父亲李格非为人淡泊，从不争名逐利，所谓的"家贫"，又未尝不是"清高"的另一种表达。而易安自己呢，她虽没有显赫的家世，却有那难以匹敌的盖世才华，"词女"的赞誉早已遍布京城。她与赵明诚没有所谓的身份之差。你有你的荣耀，我有我的才情，正如舒婷的那首《致橡树》所说：

我必须是你近旁的一株木棉,
作为树的形象和你站在一起。
根,紧握在地下,
叶,相触在云里。
每一阵风过,
我们都互相致意,
但没有人
听懂我们的言语。

此时的易安,有着怎样的自得与自傲!这样的情怀,或许也只存在于年少青春,因为没有经历过那么多的沧桑,此心未老。

"莫羡三春桃与李,桂花成实向秋荣。"这是桂花,也未尝不是易安自己。此时的她正在她最美好的华年里,吐露着芬芳,播撒向天际。

花颜好，你侬我侬俏玲珑

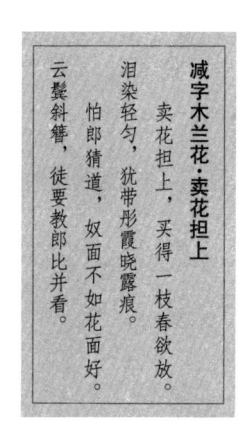

> 减字木兰花·卖花担上
>
> 卖花担上，买得一枝春欲放。
> 泪染轻匀，犹带彤霞晓露痕。
>
> 怕郎猜道，奴面不如花面好。
> 云鬓斜簪，徒要教郎比并看。

在宋代，总是有那卖花人穿梭在寻常巷陌中，兜售他们的一篮春色。蒋捷的《昭君怨》如实地记录了当时的场景："担子挑春虽小，白白红红都好。卖过巷东家，巷西家。帘外一声声叫，帘里鸦鬟入报。问道买梅花，买桃花。"走过东街，踏过西陌，他的花担虽小，却还是透露了春的消息。

那娇俏的女郎，在花担旁驻足流连，许久终于买到了极好的一朵。是梅花？是桃花？谁去管他！只见它含苞未放，是怀着怎样的秘密，竟不肯将芳馨倾吐。朝霞映红了花蕾，仿佛美人脸上涂抹了胭脂的新妆。晨露凝在花瓣上，恰如那清泪凝在美人的面庞。它哭了吗，怪罪那卖花郎无情地将它摧折？而若非如此，谁又得以一睹它的芳姿？我们不禁猜测，等到它终于绽开了欢颜，定然堪比那满园的春色。

想要把这花儿带回去，让那心上人也看一看它的俏丽，嗅一嗅它的芬芳，却旋即打消了这念头，若是他发现她不如这花，岂不弄巧成拙？他到底会怎样说，是她更娇俏，还是它更艳丽？带着几分妒忌和几分怀疑，她把那花斜斜地簪在云鬓间，偏要和它比上一比。她又怎会真的在意一朵花的美丽，她所在意的，只是他的心意。

整首小词到这里就结束了，再也没下文。而那心上人说了些什么，我们终究不得而知。倒是唐代无名氏的《菩萨蛮》给出了一种答案："牡丹含露真珠颗，美人折向庭前过。含笑问檀郎：花强妾貌强？檀郎故相恼，须道花枝好。一向发娇嗔，碎挼花打人。"那美人穿堂而过，手里拿着沾染晨露的牡丹，清浅一笑，问向她那心上人，"是我更娇，还是花更俏？"她怎会真的不知他的心意，不过要他亲口说出而已。而他偏要恼她一恼、气她一气，偏要说她的娇艳不及那花的容颜。她即刻便发起了娇嗔，还掷碎了花，捶打了人。她又怎会不知，那是他的戏语，不过为了增添浓情蜜意。

明代风流才子唐寅也作过一首类似的诗——《妒花》："昨

夜海棠初着雨，数点轻盈娇欲语。佳人晓起出兰房，折来对镜化红妆。问郎花好奴颜好？郎道不如花窈窕。佳人闻语发娇嗔，不信死花胜活人。将花揉碎掷郎前：请郎今日伴花眠！"

女人们是怎样珍惜着自己的容颜，直看得比生命还要重要。还记得那集万千宠爱于一身的李夫人吗？"北方有佳人，遗世而独立。一顾倾人城，再顾倾人国。宁不知倾城与倾国，佳人难再得"，她受到了多少荣宠，说不尽，道不完。汉武帝曾将陈阿娇幽闭于长门宫；"生男无喜，生女无怒，独不见卫子夫霸天下"，而卫子夫最终也不过惨淡收场；钩弋夫人亲手将亲生子推向皇帝的宝座，最终却被汉武帝以防范女主乱政而立子杀母。这是一个怎样残暴的君王，他的柔情，仅有李夫人拥有。据说，李夫人在病逝前，曾用被子覆盖住自己的容颜，只为不愿武帝目睹她的病容。最终，留在武帝记忆最深处的，还是她那如往昔一般娇俏的脸。就算她仙逝后，武帝也还是苦苦地思念着她，并特意写作了《李夫人赋》，其中有这样的句子："既往不来，申以信兮。去彼昭昭，就冥冥兮。既不新宫，不复故庭兮。呜呼哀哉，想魂灵兮！"宠爱的尽头，大抵也不过如此吧。

这首小词多不见于李清照的词集。赵万里在辑录《漱玉词》的时候，没有选入这首小词，他说道："案汲古阁未刻本

《漱玉词》收之，'染'作'点'，词意浅显，亦不似他作。"无独有偶，《李清照集》中恰也有这样的言语："此词汲古阁未刻本《漱玉词》及《花草粹编》收之，然词意浅显，疑非易安作。"殊不知，易安作词，哪里能句句都是那样高深的言语。"词意浅显"大抵不过是一句并不巧妙的借口，而真实的理由怕还是王灼在《碧鸡漫志》中所说的，"闾巷荒淫之语，肆意落笔。自古缙绅之家能文妇女，未见如此无顾藉也"。

这词中所言，会是易安真实的写照吗？我们无从知晓，我们只知道，此时的易安与明诚新婚不久，正处在你侬我侬的浪漫时节。易安曾在《金石录后序》中，记录了他们生活的点滴。当时的李格非官至礼部员外郎，赵挺之也做了吏部侍郎，但易安和明诚的生活还是十分拮据的。那时候，明诚在太学中读书，每逢初一、十五回家探望的时候，总是典当几件衣服，换上几文钱，去那相国寺买上一点瓜果，搜罗一些碑文。两个人就这样相对着赏玩，却已是快乐无限。幸福，从来与贫富没有太大关联，只要两颗心紧紧地贴在一起，便已是无上的追求。

人们总是因了"词意浅显"，便断定并非易安的言语，或对易安发出诸多责备。我们知道，此时的易安也是一个妙龄女子，也曾有过那般娇俏玲珑，也曾与心爱的丈夫闺中嬉戏。

男人写女人,未免总是隔了一层言语,难以尽意。只有身为女儿的易安,真正懂得那女儿的千般柔情、万种愁思,落笔处定然是一种别样的境界,或许这正是易安之于词史的意义。

我宁愿相信这首小词是易安所作,无论世人有着多少非议。易安的一生太苦,何妨苦中作乐。

花开并蒂，心不离

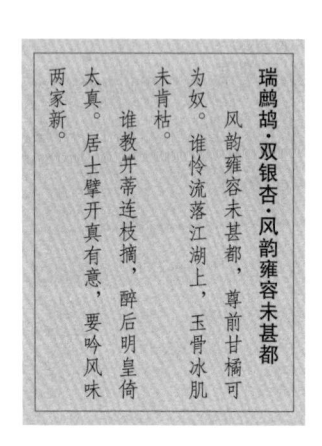

> **瑞鹧鸪·双银杏·风韵雍容未甚都**
>
> 风韵雍容未甚都，尊前甘橘可为奴。谁怜流落江湖上，玉骨冰肌未肯枯。
>
> 谁教并蒂连枝摘，醉后明皇倚太真。居士擘开真有意，要吟风味两家新。

在《史记·司马相如列传》中曾有这样的记载："相如之临邛，从车骑，雍容闲雅甚都。"所形容的，自然是临邛那醉人的风物。而在此，易安偏偏说"风韵雍容未甚都"，那双银杏并没有什么特别之处，它的风姿也不过如此。

"柑橘为奴"的典故出自丹阳太守李衡。《襄阳记》中记载了李衡的故事：李衡在武陵龙阳汜洲上建造宅院，种植了一千株柑橘，将死之时对他的儿子说道："武陵龙阳有千头木奴，不但不会向你索要衣食，每年还会供给你一千匹绢布，这也足够负担你的吃穿用度了。"称柑橘为"木奴"，便是起源于此了。李商隐在《陆发荆南始至商洛》一诗中也有这样的句子:"青辞木奴橘,紫见地仙芝。"

易安岂不奇怪,分明说那双银杏"雍容未甚都",又为何让这柑橘"为婢为奴"?却原来,那双银杏有着玉骨冰肌,就算飘零江湖,也终究不肯枯萎。易安爱花,却从来不只爱着她们的芳姿,更爱着她们的芳魂。若果然,那银杏有着这般"不肯枯"的气度,也就难怪易安要让那柑橘为奴了。

是谁摘下了那并蒂银杏?只见它们相依相偎,像是那醉后的唐明皇与杨贵妃,紧紧地依靠在一起。《唐人轶事汇编》中记载了这样一个故事:唐明皇与杨贵妃在华清宫中玩赏,一夜酒醉,清晨时分才渐渐苏醒过来。两个人就那样紧紧地依偎在一起,欣赏那初开的木芍药,唐明皇亲手摘下最娇艳的一枝,与杨贵妃一同品赏它的美丽。昔时,唐明皇与杨贵妃是何等恩爱,"七月七日长生殿,夜半无人私语时。在天愿作比翼鸟,在地愿为连理枝。天长地久有时尽,此恨绵绵无绝期",那并蒂银杏可也是恩爱如斯?

"相思树上双栖翼,连理枝头并蒂花。"这句诗出自宋代石孝友的《鹧鸪天》,相思树上,有鸳鸯比翼双栖,连理枝头同样有花开并蒂。"枝头并蒂",从来都与"鸳鸯比翼"并提,是对爱情最美好的期待。

"居士"是李清照的自称，虽然此时的她还未曾有那"易安居士"的雅号，但"居士"那潇洒的心境却是一以贯之的。此时的她，可谓春风得意，是怎样的自得，又是怎样的自傲，懂得的人自然可以想见。多情而多思的易安，将那并蒂银杏轻轻剥开一看，里面不正有着两个花心吗？那两个花心紧紧靠近，正如两颗心紧紧相依。那是焦仲卿和刘兰芝的两颗心，那是唐明皇和杨贵妃的两颗心，会否也是赵明诚和李易安的两颗心？那是易安的期许，只留待日后成真。若不是这"居士"，谁有这般的雅兴呢？若不是这"居士"，谁会有心将那并蒂银杏掰开？自诩多情的诗人们，总是只看见花开并蒂，就以为是爱情的极致，就大加称赏。殊不知，将那花儿掰开，却是别有一番天地。那双花心紧紧依偎，不曾分离，那是身的不弃和心的不离。

　　意，可以当作"臆"，代表花心；也可以当作"意"，代表心意。这种表达多见于民间的诗歌，刘禹锡这道著名的《竹枝词》便是其中一例："杨柳青青江水平，闻郎江上踏歌声。东边日出西边雨，道是无晴却有晴。"那是一种含蓄，又是另一种直白，那是只有民间诗歌才会有的风采。人们总是不愿直面这首小词出自易安的手笔，这也是其中的一个原因吧，只是他们不懂，易安的词何曾有过那种迂腐，她的词大多浅近而易懂，大多畅快而淋漓。这一切是明水的一山一水滋养的结果吗，是她有意为之返璞归真的结果吗？抑或都不是，是易安的天性本就如此。

还记得《红楼梦》中"寿怡红群芳开夜宴"吗？香菱掣了一支并蒂花签，题为"联春绕瑞"，并有一句诗，"连理枝头花正开"。这句诗便是出自朱淑真的《落花》："连理枝头花正开，妒花风雨便相催。愿教青帝长为主，莫遣纷纷落翠苔。"花开得越是好，越是少不了风雨的侵扰，更何况是这连理枝头的并蒂花呢？那风雨更是要加深了几分妒忌吧，一定要来报告春尽的消息，一定要来将它们摧折净尽才甘心。倘若可以永远是春天就好了，就没有这些风雨了，也没有这些落花了，那并蒂花也自然不用承受凋零的痛苦了。

月不常圆花易落，一生惆怅为伊多。

花会开，也自然会落，那是自然的轮回，是花的宿命，是逃不了的劫。就算是花开并蒂，也终究要承受风雨的摧残，也终究要承受飘零的悲苦。

而那人呢，那终日不知愁苦为何物的易安呢，她的惆怅又是为了谁？

可怜黛玉葬花时，一语成谶亦未知。还记得当年黛玉葬花时吟出的那首诗吗，"可怜春残花渐落，便是红颜老死时。一朝春尽红颜老，花落人亡两不知"，谁知日后，字字句句竟然悉数应验在她身上！花落了，春残了，她也香消玉殒了。是怎样悲情的巧合，又或者当真是一语成谶？是命运的玩笑？是造物主的安排？谁又能说得清呢。只是易安那句"谁怜流落江湖上，玉骨冰肌未肯枯"，不也正是一句可怕的谶语吗？她不过是在赞赏那并蒂银杏的气骨，却不知经历风雨、流落江湖的，不只是那并蒂花，还有彼时彼地的自己。而如今的她，沉浸在爱情的幸福与甜蜜里，怎能知道日后会有那凄风苦雨的岁月？而就算他年真的如此，那玉骨冰肌却始终也不曾枯萎。

　　花开并蒂是关于爱情的最美好的誓言，那双银杏用自己的一生去呵护这誓言，无论是春光尚好，还是风雨摧残。

闲愁，花自飘零水自流

> **一剪梅·红藕香残玉簟秋**
> 红藕香残玉簟秋。轻解罗裳，独上兰舟。云中谁寄锦书来？雁字回时，月满西楼。
> 花自飘零水自流。一种相思，两处闲愁。此情无计可消除，才下眉头，却上心头。

离别，最是伤感的时刻，偏逢上这淡淡的秋，岂不倍增忧伤。正如柳永所说："多情自古伤离别，更那堪、冷落清秋节。"而如今，易安所面对的，正是这痛苦的离别和这淡淡的秋。

那红红的荷花落了，凋尽了它最后一丝芬芳。孤独的人，只会品味着自己的孤独，哪里还有心情把那残荷欣赏。那似玉的竹席上也只留下一片冰凉，只因没有了他的温度。冰冷的何尝只是这竹席，分明还有她那颗寂寞的心。

轻轻解下罗裙，独自泛舟湖上，那兰舟是何等的名贵！任昉在《述异记》中记载道："木兰川在浔阳江中，多木兰树。

昔吴王阖闾植木兰于此，用构宫殿。"又说："七里洲中有鲁班刻木兰为舟，至今在洲中。诗家所云木兰舟出于此。"而她为何始终不肯将那欢颜绽放。"兴尽晚回舟，误入藕花深处"，她也曾泛舟湖上，彼时没有这名贵的木兰舟，却有着永生难忘的快乐逍遥。而如今，木兰舟虽好，欢笑却已不再，只有那萧索与寂寞终日伴她身旁。

昔时，窦滔移情宠姬，其妻苏蕙织锦作《璇玑图诗》，共八百四十字，纵横回旋，皆可为诗，文辞哀婉，感动了窦滔，两人恩爱如初。锦书，便也成为书信的代称。

抬起那迷离的眼眸，望向苍天。云的深处，天的尽头，一行大雁正缓缓地向南飞去，是在报告秋来的消息，还是为有情人寄去思念的信笺？"流水淡，碧天长，路茫茫。凭高目断，鸿雁来时，无限思量"，那无数个南归与北来的雁阵中，寄托了多少离人的哀思！

那一轮满月照亮了西楼，也照亮了她的窗。月儿圆了，可惜的是，人不能团圆。再美好的月光，又同谁去欣赏？！

"槛菊愁烟兰泣露，罗幕轻寒，燕子双飞去。明月不谙离恨苦，斜光到晓穿朱户。昨夜西风凋碧树，独上高楼，望尽天涯路。欲寄彩笺兼尺素，山长水阔知何处！"一样的秋夜、一样的月光、一样的离别、一样的感伤，一切都与易安的情怀相似，或许世上的离别尽皆如此也未可知。最是那不解风情的月，那样明亮地照耀着，照耀着离人的悲伤。经了昨夜那西风的摧残，一树的绿叶都已凋尽，天涯路远，还是望不见离人在何方。想要把思念写成短笺，拜托那鸿雁带到离人的身旁。怕只怕山长水阔，那鸿雁会否带去她的消息？一切的担忧不过是因了情浓。

花儿自开自落，何曾在意人间的喜与悲，它们有自己的花期，人们岂能奈何得了？那门前的流水，径自向东流去，带走了春，带走了夏，却为何带不走离人的悲愁？她是怎样地思念着那远方的人儿啊！她知道，他的思念也同她的一般。恰似柳永在《望海楼》中所言："想佳人妆楼颙望，误几回、天际识归舟。争知我，倚阑干处，正恁凝愁。"这是一种怎样的默契，是只有情到深处才能有的心意。

"此情无计可消除，才下眉头，却上心头。"据说，易安的这句流传千古的诗，也是其来有自的，恰是化用了范仲淹《御街行》中的诗句："都来此事，眉间心上，无计相回避。"王士禛在《花草蒙拾》中说："俞仲茅小词云：'轮到相思没处辞，眉间露一丝。'视易安'才下眉头，却上心头'，可谓此儿善盗。然易安亦从范希文'都来此事，眉间心上，无计相回避'语脱胎，李特工耳。"所谓的"点铁成金"大概也不过如此吧，只有易安，有着这般魔力。那是女儿的柔情，男人终究难能体会。

那眉间心上都难以回避的，那才下了眉头却又旋即袭上心间的，只是对新婚丈夫的思念吗？若非如此，又有什么值得她如此牵肠挂肚呢？

宋徽宗崇宁元年（1102年）七月，易安的父亲李格非被列入元祐党籍。九月，宋徽宗亲手书写元祐党人的名单，并刻成石碑，立于端礼门前。朝廷规定，元祐党人不得在朝为官。而此时的赵挺之却可谓春风得意，六月被授予尚书右丞，八月被授予尚书左丞。时人张琰记录了当时的情况：李清照欲救其父，曾献诗赵挺之，其中有这样的句子，"何况人间父子情"。而赵挺之与李格非身处不同的政治派别，身为当朝宰相，却也不曾施予援手，"炙手可热心可寒"，心寒的是谁，莫不就是那易安？政治从来与女人无关，又从来给女人带来莫大的苦难。当时，易安出嫁不过短短两个年头，就要经历夫妇离散的悲苦。易安的一生以此为起点，开启了苦难的历程。这是她苦难的序幕，那苦难太多，我们不曾看见尾声。

据说，"一剪梅"这一词牌出自周邦彦的"一剪梅花万样娇"，后又称为"玉簟秋"，自然是因了易安这一首，这也足以见得这首词的影响之大。

多少人,给了她多少赞誉。李廷机在《草堂诗馀评林》中说:"此词颇尽离别之情,语意超逸,令人醒目。"梁绍壬在《两般秋雨庵随笔》中说:"易安《一剪梅》词起句'红藕香残玉簟秋'七字,便有吞梅嚼雪,不识人间烟火气象,其实寻常不经意语也。"

她的一生,欢乐的时光那样少,痛苦的岁月却那么多。

她的一生,经历了太多人无法经历的一切的一切、所有的所有。

她的一生,就是一段传奇。

"常恐秋节至,凉风夺炎热。弃捐箧笥中,恩情中道绝。"班婕妤的一生,何尝不是一段传奇;"莫道无归处,点点香魂清梦里。做杀多情留不得,飞去。愿他少识相思路。"柳如是的一生,何尝不是一段传奇;"风华绝代倾城恋,海外飘零只自哀。"张爱玲的一生,又何尝不是一段传奇。那些女子的一生无不是传奇,却又无不为那传奇误了一生。人们总是喜欢听故事,却总是不在意故事中人的悲喜。每每想到这里,就不由得忆起舒婷的一首小诗《神女峰》:

在向你挥舞的各色手帕中

是谁的手突然收回

紧紧捂住了自己的眼睛
当人们四散离去，谁
还站在船尾
衣裙漫飞，如翻涌不息的云
江涛
高一声
低一声

美丽的梦留下美丽的忧伤
人间天上，代代相传
但是，心
真能变成石头吗
为眺望远天的杳鹤
错过无数次春江月明

沿着江岸
金光菊和女贞子的洪流
正煽动新的背叛
与其在悬崖上展览千年
不如在爱人肩头痛哭一晚

她们可曾期待，成为那传奇中人？或许她们终其一生，也不过只想在爱人的肩头痛哭一晚。只是生命这场戏，从来由不得戏中人做主。

与新婚夫婿离别的凄苦，对父母弟兄未来的担忧，当时悉数压在了她的心头。或许我们忘记了，此时的易安只是一个十九岁的少妇，她怎能承受这许多苦楚？可她终究还是承受了下来，现今的，未来的，一切的一切，所有的所有……

帘卷西风，人比黄花瘦

> **醉花阴·薄雾浓云愁永昼**
>
> 薄雾浓云愁永昼，瑞脑消金兽。佳节又重阳，玉枕纱橱，半夜凉初透。
>
> 东篱把酒黄昏后，有暗香盈袖。莫道不销魂，帘卷西风，人比黄花瘦。

总是会有那么一个人，不期然地出现在你的生命里，轻轻地撩拨你的心弦，渐渐地左右你的悲喜，从此你的命运便与他系在了一起，再无分离的可能。他是你命中注定的遇见，是你的劫，你逃不开，也躲不掉。你甚至不知他是何时出现的，或许是早春，"沾衣欲湿杏花雨，吹面不寒杨柳风"；或许是初夏，"接天莲叶无穷碧，映日荷花别样红"；或许是晚秋，"停车坐爱枫林晚，霜叶红于二月花"；或许是浅冬，"白雪却嫌春色晚，故穿庭树作飞花"。只是从此，不管是春风春鸟、秋月秋蝉，抑或是夏云暑雨、冬月祁寒，都无法阻挡你们的相思与追随。

如果可能，易安是会追随着明诚到世间任何一个角落的，这一点，我从不怀疑。只是当时，易安被驱逐出京城，收不住的相思与爱恋，藏不住的婉转与柔情，只能通过翩飞的雁，带给远方的那个人。"鸿雁长飞光不度，鱼龙潜跃水成文"，好在，就算山长水阔，易安的心事他也总是看得清楚。

佳节又重阳，多少文人骚客驱驰重阳于笔端。"尘世难逢开口笑，菊花须插满头归"、"还似今朝歌酒席，白头翁入少年场"，这是嘉会寄诗以亲；"他乡共酌金花酒，万里同悲鸿雁天"、"人情已厌南中苦，鸿雁那从北地来"，这是离群托诗以怨。而其中最著名的，莫过于王维的那句"遥知兄弟登高处，遍插茱萸少一人"了。欢会难免是快乐的，而在欢会的时节独自一人，难免倍增苦楚。王维明白，易安同样懂得。团聚的节日，却与他们无缘，快乐是别人的，他们不愿流连。

多少人把离恨写入诗词，从此不朽，屈原如此，李商隐如此，易安亦如此。开篇只一个"愁"字，便写尽了易安的万千心绪。因何而愁呢？是因了被逐出京的忧郁，还是因了形单影只的萧索？或许都不是，只因那个人，他不在，世界就都是暗淡的，更休论是在这团圆的时刻。如果在这样快乐的日子里注定孤独地过，就不如"拟把疏狂图一醉"了。把酒东篱下，在盈盈暗香中追慕陶潜的风姿，又是一种怎样的潇洒？把酒东篱一陶然，萧条异代不同时，或许她才是陶潜最好的知音。阵阵西风吹来，吹动了帘栊，也吹动了闺中少妇的心。为这思念，她已经瘦弱似黄花，而见面依然无望。她还要等待多久呢，她不知道，她只知道，爱无尽，思念亦无涯。或许不再思念是一种解脱，那又如何证明那个人曾在她的生命里停驻。

人言"闺中少妇不知愁"，易安自然是知道愁滋味的。当一个女人经历了离别、经历了相思、经历了政治波折，经历了家庭离散后，她怎还会不知愁为何物？但此时此刻，易安的愁，更多的只是富贵闲愁吧，是"为赋新词强说愁"，因为她还能把酒东篱，因为她还能玩味暗香盈袖。而当她尝遍了人世苦楚，或许反而"欲说还休"，只得道一声"天凉好个秋"。

站在命运的车轮上去看彼时的易安，她是那样值得怜惜。或许此刻的她，觉得生命的最大折磨莫过于思念，而生命的最大苦楚也不过婕妤之叹与庄姜之悲，她怎会想到她的一生中会有那么多的劫数，怎会预见她的一生要经历那么多的悲苦？夫死、家亡、国破，件件都是常人无法承受的巨痛，而她瘦弱的肩竟承受了那么多的苦难。此刻，正是她命运的转折。此前，是无尽的温存与无尽的甜蜜；此后，是无边的磨难与无边的哀愁。

关于这首《醉花阴》，有一个故事记载在元代伊世珍的《琅嬛记》中：重阳时节，易安思念明诚太甚，便作《醉花阴》一首寄给明诚。明诚读罢，深深叹服易安的文采，自愧弗如。但男人的天性使然，他们总是争强好胜的，尤其是在自己心爱的女人面前，更是不愿怯阵。明诚下决心，定要写出一首能胜过《醉花阴》的词。于是他谢绝宾客、废寝忘食，三个日夜过去了，明诚写作了五十首词。他把易安的词混杂在这五十首词中，一并交给自己的友人陆德夫。陆德夫玩味再三，说道："只有三句最好。"明诚急忙问道："是哪三句？"陆德夫缓缓吟诵道："莫道不消魂，帘卷西风，人比黄花瘦。"正是出自易安的《醉花阴》。

说是逸事，自然难辨其真假，但却可从一个侧面看出世人对易安才华的感佩。

林语堂在《武则天正传》中说过这样一句话："若是命运不肯创造一个伟大的女人，一个伟大的女人会创造自己的命运。"易安是伟大的吗？当然！"一代词宗"是后人给她的评价，在中国词史上，大抵也只有苏轼、辛弃疾之属能与之比肩而立了吧。她的伟大，确乎是命运造就的。"欢愉之辞难工，而穷苦之词易好"，如果不是经历了那么多的离乱与悲苦、那么多的萧索与凄凉，易安或许不会有这般伟大。而这伟大，对于她自己来说重要吗？无奈的，只是命运从不由自己做主。易安不是武则天，自有她的伟大之处，却也可以在自己深爱的人面前低到尘埃里。

此时的易安，只是端起斟满了的酒杯，在微醺里品咂她的离愁别绪……

离人何在，独倚栏杆空奈何

> **玉楼春·红酥肯放琼苞碎**
> 红酥肯放琼苞碎，探著南枝开遍未。不知酝藉几多香，但见包藏无限意。
> 道人憔悴春窗底，闷损阑干愁不倚。要来小酌便来休，未必明朝风不起。

唐代元稹在《离思》中写道："自爱残妆晓镜中，环钗漫篸绿丝丛。须臾日射胭脂颊，一朵红苏旋欲融。"最爱的，莫过于清晨看着她镜中的娇颜，只消片刻，当阳光映红了她的面颊，就如同一朵初开的梅，尽情绽露她的芳华。"红苏"即"红酥"。借一朵梅，形容妻子娇艳美好的容颜。

陆游在《钗头凤》中写道："红酥手，黄縢酒。满城春色宫墙柳。东风恶，欢情薄。一怀愁绪，几年离索。错、错、错。"还记得曾经的你，用那双红润的手，端起那满斟的杯，与我共品美酒。那宫墙柳怎可攀折，而如今的你也终于与我渐行渐远。经过了多少如梭岁月，却依然难忘你的深情。借一朵梅，形容那曾经红润细腻的手。

有元稹为之说项在前，又有陆游为其揄扬在后，那梅的红润与多姿，自然不难想见。那娇艳的梅终于肯把芳馨倾吐，那玉一般的花苞也终于肯把美丽释放。

偷眼观瞧，那南枝上可曾开遍了红梅？李峤在一首名为《梅》的诗中这样写道："大庾敛寒光，南枝独早芳。雪含朝暝色，风引去来香。妆面回青镜，歌尘起画梁。若能遥止渴，何暇泛琼浆。"张方为其作注，有这样的言语："大庾岭上梅，南枝落，北枝开。"那南枝上的梅，总是最先开放的。而如今，南枝上尚且不曾开遍了红梅，可见那红梅也不过初绽放而已，还不曾占尽满园芬芳。

它们酝酿着怎样的芬芳，又怀着怎样的柔肠，竟不肯将那芳姿轻易绽放。

"道人"也是易安自称。无论是"居士"还是"道人"，易安在意的，不过是那般无拘束的情怀和那般萧散不羁的心境。而此时此刻，连这自称"道人"的易安，竟也得不到那番萧散和那种不羁了吧！在那寂寞的窗下，在那梅花开放的地方，她一个人品尝着孤独的滋味，暗暗憔悴。

"街南绿树春饶絮，雪满游春路。树头花艳杂娇云，树底人家朱户。北楼闲上,疏帘高卷,直见街南树。阑干倚尽犹慵去,几度黄昏雨。晚春盘马踏青苔,曾傍绿阴深驻。落花犹在,香屏空掩,人面知何处?"倚遍了阑干,为何还迟迟不肯离去?为只为在那楼上,看得见她的椒房;为只为那绿荫深处,她曾停驻。而如今,绿波依旧东流,落花依旧飘散,那曾经的人儿,如今在何处停留?不知,不晓。又能奈何,又能怎样,不过倚着这阑干,伴着这愁苦。

"湿云不渡溪桥冷。蛾寒初破东风影。溪下水声长,一枝和月香。人怜花似旧,花不知人瘦。独自倚栏杆,夜深花正寒。"月光下,一枝寒梅静静地吐露着它的芬芳。花有重开日,人无再少年,多么地惹人妒忌,又是多么地让人无可奈何。独自倚着那阑干,惆怅,彷徨。夜深了,寒冷的何曾只是那梅,分明还有那凄凉的心。

"菡萏香销翠叶残,西风愁起绿波间。还与韶光共憔悴,不堪看。细雨梦回鸡塞远,小楼吹彻玉笙寒。多少泪珠何限恨,倚阑干。"荷花落尽了,连那荷叶也凋残,飒飒西风吹来,吹皱了绿波,也吹乱了离人的心。春光渐晚,年华渐逝。不忍去看,这几分萧瑟,这几分落寞。在鸡塞,那苦寒之地,终于寻见了离人,阵阵依稀的细雨,声声凄凉的玉笙,原来又是梦一场。抛了多少眼泪,也抛不尽这离愁别绪。离人在何方？只得倚着这阑干，望向远方。

阑干，从来与孤苦相伴，从来与寂寞相生。每当惆怅难解，便倚靠着这阑干。惆怅也是有重量的，它沉沉地压在心头，压得久了，难免喘息不得。那阑干是否可以分担了这重量，也分担了这惆怅？难怪人们总是伫倚危栏，却原来是因了愁苦太多？而易安为何竟连那阑干都懒得去倚，是孤独太重，还是惆怅太浓？

要想在这花下醉一场便快些来吧，谁知明天是凄风还是苦雨，而那风雨过后，还会剩下几枝红梅？承受着那风雨摧残的，何曾只是这红梅，分明还有此时的易安。政治风波打击着那年迈的父亲，也牵连到了她，因而不得不与那新婚的夫婿分隔两地。心中的凄苦，谁人能知，谁人能晓，又要向谁去倾诉？只有这红梅懂得吧。

易安爱着那梅，用她的生命吟咏着梅，也借着那梅感知自己的生命。"髻子伤春懒更梳，晚风庭院落梅初。淡云来往月疏疏"，她曾从那梅中，感知自己的年华将逝；"共赏金尊沉绿蚁，莫辞醉、此花不与群花比"，她曾从那梅中，感知自己的不同流俗。而此时此地，"要来小酌便来休，未必明朝风不起"，她也正从那梅中感知着自己的无尽凄楚。她正是那梅，那梅也恍然成了她自己。易安不语，却最能懂得那梅花的高格；梅花不语，却最能读懂易安的肝肠。在这如水的夜，在这寂寞的小园，只有她们相互懂得、相互慰藉、相互怜惜。真正的理解，是不需要用语言来传达的。此时此刻，此情此景，便是如此了。

憔悴春窗底，闷损阑干边，易安恰似那寒梅一朵。

别恨难穷,霜风凄紧盼归期

> **行香子·七夕·草际鸣蛩**
>
> 草际鸣蛩,惊落梧桐。正人间天上愁浓。云阶月地,关锁千重。纵浮槎来,浮槎去,不相逢。
>
> 星桥鹊驾,经年才见,想离情别恨难穷。牵牛织女,莫是离中。甚霎儿晴,霎儿雨,霎儿风。

"七夕"又称"乞巧节"。东晋时期的葛洪在《西京杂记》中有这样的记载:"汉彩女常以七月七日穿七孔针于开襟楼,人俱习之。"这便是古代文献中关于"乞巧"的最早记载。《荆楚岁时记》中也记载道:"七月七日为牵牛织女聚会之夜。是夕,人家妇女结彩缕,穿七孔针,或以金银鍮石为针,陈瓜果于庭中以乞巧。"这一天,女孩子们要穿针乞巧、拜双星,还要在院子中摆满各式瓜果,以祈求心灵手巧。《荆楚岁时记》中还有一段这样的记载:"天河之东有织女,天帝之子也。年年织杼劳役,织成云锦天衣,天帝哀其独处,许配河西牵牛郎。嫁后，遂废织纴。天帝怒，责令归河东。唯每年七月七日夜，渡河一会。"而这，就是另外一个传说了。

曹丕的《燕歌行》中有这样几句："明月皎皎照我床，星汉西流夜未央。牵牛织女遥相望，尔独何辜限河梁。"那牛郎织女，究竟犯了怎样的过错，竟然要在这天河的两头苦苦凝望。古往今来，多少文人骚客感叹着他们的遭际，体味着他们的悲喜。而这个中凄苦，或许只有易安最懂。

"蛩"是蟋蟀。韦应物曾写过这样的诗句："寒蛩悲洞房，好鸟无遗音。"岳飞也曾有过这样的诗篇："昨夜寒蛩不住鸣，惊回千里梦，已三更。"梧桐叶落，莫不是"一声梧叶一声秋，一点芭蕉一点愁"。蟋蟀径自鸣叫着，梧桐径自飘落着，见一叶落，而知天下秋。或许，一切不过是物候使然，在这七夕节里，谁会去在意一只蟋蟀的秋吟，或是一叶梧桐的飘零？而易安却偏偏会，只因这节日之于她本就是多余，只因霜风凄紧，她和丈夫依然天各一方。

天上的牛郎织女被天帝分隔在银河的两头，人间的易安与明诚却也被帝王分离异乡。一样的冲不破的权势，一样的说不尽的悲苦，一样的断不了的柔情。

"云阶月地"指的是那天上的宫殿，此语出自杜牧的《七夕》诗："云阶月地一相过，未抵经年别恨多。最恨明朝洗车雨，不教回脚渡天河。"那天上的牛郎织女，隔着关锁千重，那重重的锁，那道道的门，怎是他们所能冲破的？而那人间的易安和明诚呢，又何尝不是这般如此？

"浮槎"指的是往来于大海与天河之间的木筏。张华在《博物志》中记载了这样一个传说：古时候，天河与大海是可以相通的。每年八月，有浮槎来往于天河与大海之间，从来不曾错过日期。后来，有人决意要上天宫，带了许多食物，乘浮槎而去。航行了十几天，竟然真的到达了天河。入目所见，那牛郎正在河边饮牛，而那织女却在遥远的天宫中。纵使浮槎来去，牛郎织女也终是没有相逢的机会。那通往相府的路途，并不是遥远得没有尽头，只是他们被迫分离，就算车马驱驰，终日往来不绝，也终究没有会面的可能。

李商隐在《七夕》诗中说："鸾扇斜分凤幄开，星桥横过鹊飞回。争将世上无期别，换得年年一度来。"传说，每年的七月七日，牛郎织女在天河相会之时，成群的喜鹊飞来为他们架桥，"鹊桥"因此而得名。《风俗通》中记载："织女七夕当渡河，使鹊为桥。"这是多么浪漫的幻想、多么美好的期待！秦观有一首名为《鹊桥仙》的小词："纤云弄巧，飞星传恨，银汉迢迢暗度。金风玉露一相逢，便胜却人间无数。柔情似水，佳期如梦，忍顾鹊桥归路？两情若是久长时，又岂在朝朝暮暮？"所写的，也是牛郎织女的事。相逢总是充满了万千欣喜，痛苦的却是离别时分。怎么忍心去看那归路？归去了，再见面，又是一个年头。只得安慰自己吧，重要的是两颗心的贴近，而不是终日相守，那安慰的话语却终归是安慰、离情、别恨，怎能是只言片语说得尽的？个中甘苦，也只有自己才能真正知晓。

"霎儿晴，霎儿雨，霎儿风。""霎儿"是当时的口语，犹言"一会儿"。引口语入诗词添了几分表现力。一会儿艳阳满天，一会儿又斜风细雨，像煞了小姑娘的脾气，岂不也像煞了这动荡不安的政局？苏轼是北宋政治斗争中的核心人物，但政治斗争却未曾因苏轼的去世而停歇。所谓的"元祐党人"及他们的亲族，依旧被相继驱逐出京。而那离京许久的易安，更是归期无望了。崇宁年间，政治风云变幻莫测，官员的流转更是如同走马灯一般。政治的动荡不正像这恼人的天气一样，"霎儿晴，霎儿雨，霎儿风"？而今，正是赵挺之春风得意之时，却是李格非如临深渊之际。政治，从来不曾在意个人的悲与喜。夫妇妻子离散，在那些沉沦政治的人们心里，不过如此。个人在历史面前从来都是渺小的，而在政治面前，亦是如此。

刘熙载曾在《义概》中说："词之妙，莫妙于以不言言之，非不言也，寄言也。如寄深于浅，寄厚于轻，寄劲于婉，寄直于曲，寄实于虚，寄正于馀，皆是。"易安最是懂得那个中三昧的人。分明要讲夫妻离散，却偏要说那织女牛郎。分明要讲政治变幻不定，却偏要说那天气霎晴霎雨。那织女牛郎，分隔在天河的两端，七夕尚能会面，而易安和明诚呢，竟连这一日的相见都不曾有。终日是无望的等待，等待着政坛最终变换了模样，终于不再有党争，也终于不再有驱逐，那等待是何等的漫长，漫长到近乎看不到尽头。而易安依旧在等待着。

思念是可以断绝的吗，如果真的曾刻骨铭心过？就算是一年只有一天的相逢，那牛郎织女依旧要守着当年的约定。就算是永远看似无望的等待，易安依然期盼着爱人的归期。

春草萋萋，王孙不归

> **小重山·春到长门春草青**
>
> 春到长门春草青。江梅些子破，未开匀。碧云笼碾玉成尘。留晓梦，惊破一瓯春。
>
> 花影压重门，疏帘铺淡月，好黄昏。二年三度负东君。归来也，著意过今春。

宋徽宗崇宁五年（1106年）春，朝廷终于下诏，销毁了"元祐党人碑"，随即大赦天下，解除了当年对"元祐党人"的禁锢。李清照自然也在这被赦的行列中，得以重返京城。从宋徽宗崇宁二年（1103年）被驱逐出京，至今已近三个年头。而今，终于得以与那日思夜盼的丈夫团聚，该是怎样的喜不自禁啊！杜甫在《闻官军收河南河北》中曾这样形容自己还乡时的心情："白日放歌须纵酒，青春作伴好还乡。即从巴峡穿巫峡，便下襄阳向洛阳。"易安当时的心情，大概也一般无二吧。无奈，物依旧，人已非，襄王有梦，可惜神女无心，她那日夜思念着的丈夫，竟然改变了当年的心意。当失望与愁苦混杂，当伤心与凄凉交织，便有了这首《小重山》。

首句"春到长门春草青"，是借用了五代词人薛昭蕴《小重山》的成句，原词为："春到长门春草青。玉阶华露滴，月胧明。东风吹断紫箫声。宫漏促，帘外晓啼莺。愁极梦难成。红妆流宿泪，不胜情。手挼裙带绕阶行。思君切，罗幌暗尘生。"这无疑是一首充满凄苦的宫怨词。易安引此成句入词，不是为赋新词强说愁，当真是伤心人别有怀抱。

长门宫是汉代的宫殿。汉武帝幼时曾说："若得阿娇作妇，当作金屋贮之也。"可惜，誓言与谎言之间从来只有一字之别，而汉武帝也终于将那陈阿娇废黜，将那皇后的封号褫夺。昔年那藏娇的金屋而今易主他人，陈阿娇迁居幽闭冷寂的长门宫，眼中含着几许热泪，心中又怀着几多哀愁。从此，长门宫成为冷宫的代称。传说，陈阿娇曾以一字千金的价格，向司马相如求得一篇《长门赋》，情辞哀婉，武帝大为感动，阿娇复受宠如初。这是怎样多情的期盼！无奈，传说终究只是传说而已，阿娇也终究再无受宠之日。君不见咫尺长门闭阿娇，锁住了一个人，冷透了一颗心。春到长门，又是一年光景，而那九五之尊的帝王，却再也不曾踏入故人的宅院。

《招隐士》中有这样两句："王孙游兮不归，春草生兮萋萋。"春草萋萋，连绵到那遥远的天涯。远方有着怎样的美好，竟让那王孙不忍回顾。而明诚的心呢，此刻又停驻在何方？身在咫尺，心却远在天涯。是身的分离更可悲，还是心的分离更可叹？易安找不到答案。萋萋总是无情物，吹绿东风又一年。只是从此，那萋萋芳草，诉说的尽是她的惆怅。

李煜曾写过一首小词，名为《清平乐》："别来春半，触目柔肠断。砌下落梅如雪乱，拂了一身还满。雁来音信无凭，路遥归梦难成。离恨恰如春草，更行更远还生。"或许，真的只有愁苦之人，才更懂得惺惺相惜。此时的易安，不正像极了昔时的李煜？一样的芳草萋萋，一样的寂寞愁浓。

那江梅渐次绽放了，"迎春故早发，独自不疑寒"，虽然还不曾占尽枝头，却也不曾误了花期。何曾想到，今日归来，竟然只有这江梅一如往昔。"红酥肯放琼苞碎，探著南枝开遍未。不知酝藉几多香，但见包藏无限意。道人憔悴春窗底，闷损阑干愁不倚。要来小酌便来休，未必明朝风不起。"那是易安昔年的诗句，曾经一度，她怜惜着自己的孤苦，怜惜着梅的遭际。到而今，还是只有她和这梅相互慰藉、相互怜惜，是可悲，还是可叹，或者都不是，只是心头无比真实的暖。最让人感动的从不是锦上添花，而是雪里送炭。

"碧云笼碾玉成尘。留晓梦，惊破一瓯春。"宋代时，把茶制成茶饼，再在茶笼中碾成茶末饮用。宋代庞元英在《文昌杂录》中记载道："（韩魏公）不甚喜茶，无精粗，共置一笼，每尽，即取碾。"可见当时确有这样的习俗无疑。"碧云"，是形容那茶饼的颜色；而"玉成尘"，则是形容那茶末。独自品茗花下，将那晓梦驱散，是怎样的惬意时光。只是，品咂得出那茶的甘洌吗？或许只品咂出淡淡的苦涩，不管唇间，还是心头。

"花影压重门，疏帘铺淡月。"凌乱的花影压上重重深锁的门，那花影竟也是有重量的吗？淡淡的月光透过稀疏的帘笼，好一个多情的黄昏，大概还有那以梅为妻、以鹤为子的林逋曾有幸得见，留下了"疏影横斜水清浅，暗香浮动月黄昏"的千古绝唱。而当此黄昏，却无人与易安共欣赏，又是怎样的无奈、怎样的悲凉！有良辰美景，却不曾有赏心乐事，人间事少的是尽善尽美，多的是美中不足，到今日才是真的懂得。

从崇宁二年（1103年）到崇宁五年（1106年），易安是怀着怎样的无奈、怎样的辛酸，辜负了二载春色和三度梅开！而始终不曾辜负的，却是那心上的人儿。"此情无计可消除，才下眉头，却上心头"；"莫道不消魂，帘卷西风，人比黄花瘦"；"草际鸣蛩，惊落梧桐，正人间天上愁浓"，字字句句是怎样的孤独寂寞、怎样的凄苦愁绝，字字是血，声声是泪。

如今，当所有的愁云惨雾都散去，当所有的壮阔波澜都平息，她终于又回到了这里，那曾无数次萦回于脑际的地方，那曾无数次在梦里追索的地方。她是怎样幻想着他们的久别重逢，幻想了无数种场景，却独独忽视了这一种。她是太相信自己了，还是太相信爱情了？只是她从来不曾想到，她那丈夫竟会改变了心意。不经意的凄苦才是最苦，苦到断了肝肠；未预见的痛才是真痛，直到痛彻心扉。易安是怎样地期待着，期待着把那美好的春光珍惜。可惜，可叹，或许也只有那梅花陪她一起度过这春天。她那灵魂还要寄居何方，她那真心还要栖迟何处？招得回王孙的魂，招得回明诚的真心吗？再与他厮守一处，将那春光欣赏，将那爱情珍藏。

梅花落,扫迹情留

> **满庭芳·小阁藏春**
>
> 小阁藏春,闲窗锁昼,画堂无限深幽。篆香烧尽,日影下帘钩。手种江梅渐好,又何必、临水登楼。无人到,寂寥浑似,何逊在扬州。
>
> 从来如韵胜,难堪雨藉,不耐风揉。更谁家横笛,吹动浓愁。莫恨香消雪减,须信道、扫迹情留。难言处,良宵淡月,疏影尚风流。

宋徽宗崇宁五年(1106年),朝廷取消了对"元祐党人"及其家人的禁锢。经过了多少期盼,挨过了多少煎熬,李清照终于得以从原籍明水返回都城汴京,与那心爱的丈夫团聚。无奈,政治上的风波稍为平息,家庭中的风波却旋即又起。他那刻意的回避、无情的犹疑,一切都落在她的眼中、刻在她的心里。人说女人天性敏感多疑,殊不知,敏感也好,多疑也罢,不过是为着那心上的人而已。而她也终于明白,他的心已不在她那里。姑且再回到原籍去,把一切交给时间,或许数日经年,一切又可以太平如初。她是鸵鸟,那小阁是她的沙丘。

那精致的闺阁，将几许春光收藏；那寂寞的窗，将几许白昼紧锁。

篆香是一种名贵的香料，可以烧很长时间。当那篆香烧尽，日影也已西沉，又是一天的光阴消逝。

那江梅，是易安当年亲手种下的那一株吗？开得正好，是在慰藉着她的寂寞吗，是在排遣着她的愁苦吗？记得当年，她怀着对故乡的思念和对丈夫的爱恋，种下了这株江梅。那时，她傻傻地以为，只要这政治风波平息了，只要回到他的身旁，一切就都还是原来的模样。那时有等待的凄苦，却没有失望的痛楚；有思念的煎熬，却没有绝望的愁苦。只是她不知，人心才是最难忖度的，才是最难到达的地方。

那江梅开得正好，又何必效仿那昔年的王粲临水登楼？王粲是建安时人，才华横溢，却不曾受到刘表重用，蹉跎荆州十五载。建安九年（公元 204 年）秋，王粲在荆州登上麦城城楼，"登兹楼以四望兮，聊暇日以销忧"，并写作了流传千古的《登楼赋》，其中有"虽信美而非吾土兮，曾何足以少留"的句子，可谓哀转久绝。而如今，易安竟自比当年王粲登楼。此时的她经受着丈夫的冷落，寂寞处，自是与王粲相仿佛。

"无人到，寂寥浑似，何逊在扬州。"无人到，而易安又苦苦期盼着谁呢？何必要问，定是那赵明诚无疑。女人就是这样，怨着、恨着，又何曾不等着、盼着。寂寞、愁苦，谁人能懂，又有谁在意，只有那江梅伴着她，岂不正如当年的何逊？何逊最是那爱梅之人，他曾写过一首《咏早梅》："兔园标物序，惊时最是梅。衔霜当路发，映雪拟寒开。枝横却月观，花绕凌风台。朝洒长门泣，夕驻临邛杯。应知早飘落，故逐上春来。"清人江昉刻本《何水部集》为其作注，说道："逊为建安王水曹，王刺扬州，逊廨舍有梅花一株，日吟咏其下，赋诗云云。后居洛思之，再请其任，抵扬州，花方盛开，逊对花彷徨，终日不能去。"杜甫在《和裴迪登蜀州东亭送客逢早梅相忆见寄》中，曾有这样的句子："东阁官梅动诗兴，还如何逊在扬州。"虽说何逊爱着那梅，可在扬州的无尽岁月里，也未尝不是寂寞的吧，正如此时的易安，虽然有这江梅相伴，却也有那难以排遣的愁苦，此一重悲也。"朝洒长门泣，夕驻临邛杯"，虽有那"金屋藏娇"的誓言，阿娇也终于被弃长门宫；虽有《凤求凰》的约定，司马相如也终于在那茂陵女子处栖迟。易安的怨岂不正与那昔年的陈阿娇、卓文君一般无二，此二重悲也。当重重悲伤渐次袭来，怎能不令易安凄苦愁绝！

"从来如韵胜，难堪雨藉，不耐风揉。"梅花，从来胜在它自有韵致。范成大在《梅谱·后序》中说："梅以韵胜，以格高,故以横斜疏瘦与老枝怪奇者为贵。"梅花虽有风韵,虽有高格,却也终究经不得风吹,耐不得雨打。或许,崔道融才最是懂这梅花的人,他曾在一首名为《梅花》的诗中写道:"数萼初含雪,孤标画本难。香中别有韵,清极不知寒。横笛和愁听,斜枝倚病看。朔风如解意,容易莫摧残。"那北风不要再将它摧残了吧,殊不知寒风刺骨,它也耐不得这霜风凄冷。此时的易安岂不正与这江梅相仿佛,她虽是"词女",虽有着万千赞誉,却也经不得丈夫的冷落,耐不得这凄苦的寂寞。她苦苦维持着自己的风度和气度,而当她终于卸下了所有的伪装,才终于肯让那泪水放肆流淌。只是从此,她的泪水再不会洒在明诚的胸膛,只因两颗心再不似往昔般贴近。

"更谁家横笛,吹动浓愁。"在汉乐府二十八支横吹曲中,有一支名为"梅花落"。诗人鲍照曾依此曲作诗云:"中庭杂树多,偏为梅咨嗟。问君何独然?念其霜中能作花,露中能作实。摇荡春风媚春日,念尔零落逐寒风,徒有霜华无霜质。"是谁吹奏这一曲《梅花落》,声声哀怨,折损肝肠?

"莫恨香消雪减,须信道、扫迹情留。"别再怨那风雨的摧残,花开花落自有时,那本就是这江梅的宿命,它们终归要飘零在那春风里,最终连那落英也被打扫干净,但始终难以磨灭的,是那韵致、是那高格、是那芳魂一缕。正如易安的爱情，你可以清除掉关于曾经的所有记忆，但曾有过的感情却无论如何也磨灭不了，它就在你我的心里，就算从此不再提起，也永远都难以忘记。

"难言处，良宵淡月，疏影尚风流。"这许多心事，这诸种情怀，哪里是三言两语能够说得尽的，又或者是未曾开口，泪已先流。而最后的最后，那江梅终于消弭了所有的怨，涤荡了所有的恨。当此良辰，对着淡月，就算花朵飘零，依然不减格调，那只属于江梅的格调。而那江梅又未尝不是易安的化身。易安经历了多少命运的摧残、党争的牵连、丈夫的冷落，一切种种，对于一个二十余岁的女子而言，命运岂非太过无情？从此后，她还要经受命运诸多残酷的洗礼，而她始终如那江梅一般，自有她的高格。

那真的是她的高格吗？或许诚然如此，又或者，不过是爱到深处，扫迹情留。

凄苦愁浓，人依旧

多丽·咏白菊·小楼寒

小楼寒，夜长帘幕低垂。恨萧萧、无情风雨，夜来揉损琼肌。也不似、贵妃醉脸，也不似、孙寿愁眉。韩令偷香，徐娘傅粉，莫将比拟未新奇。细看取、屈平陶令，风韵正相宜。微风起、清芬蕴藉，不减酴醾。

渐秋阑、雪清玉瘦，向人无限依依。似愁凝、汉皋解佩，似泪洒、纨扇题诗。朗月清风，浓烟暗雨，天教憔悴度芳姿。纵爱惜，不知从此，留得几多时。人情好，何须更忆，泽畔东篱。

小楼上帘幕低垂，抵挡夜来寒风的侵扰。最恨那无情的风雨，白菊那玉骨冰肌，怎受得了这般摧残？政治的禁锢在前，丈夫的冷落在后，易安所受的摧残竟丝毫不少于那白菊，而易安的心中就真的能够了无怨恨吗？只是那怨着、恨着的人，也正是易安一生最深的爱恋所在。

如此千般谨慎、万般小心，那白菊究竟有着怎样的美，值得易安如此珍惜。易安最是那驱驰语言的能手，不说那白菊"似"何物，偏偏要从"不似"说起。

"也不似、贵妃醉脸。"唐代李浚的《松窗杂录》中记载了"贵妃醉脸"的故事：中书舍人李正封作了一首吟咏牡丹花的诗，其中有这样两句："天香夜染衣，国色朝酣酒。"唐明皇很欣赏这两句诗，曾对杨贵妃笑语道："妆镜台前，宜饮以一紫金盏酒，则正封之诗见矣。"早上梳妆的时候，要是喝上一杯酒，那醉后的容颜岂不娇美，真可谓"国色朝酣酒"了。那杨贵妃的容颜，竟然比得上牡丹花的风姿。而即便是这"贵妃醉脸"，又怎能比得上这白菊的素雅？

"也不似、孙寿愁眉。"《后汉书·梁冀传》中记载道："妻孙寿，色美而善为妖态，作愁眉、啼妆、堕马髻、折腰步、龋齿笑，以为媚惑。"应劭在《风俗通》中同样记载了这样的事实："桓帝元嘉中，京师妇女作愁眉，啼妆，堕马髻，折腰步，龋齿笑。愁眉者，细而曲折；啼妆者，薄拭目下若啼痕；堕马髻者，侧在一边；折腰步者，足不任体；龋齿笑者，若齿痛不忻忻。"真正的美，是无须矫揉造作便自有一番风流。而就算是"孙寿愁眉"，那媚态又怎敌得了这白菊的清朗？

"韩令偷香，徐娘傅粉，莫将比拟未新奇。"韩令偷香，徐娘傅粉，怎能把这白菊来比？"韩令偷香"的典故出自《晋书·贾充传》。韩寿是外戚贾充的幕僚，容貌俊朗，仪表堂堂，无意中被贾充的小女儿贾午看中，她使侍女暗中授意，韩寿便翻墙而过与贾午私通。贾午将那外国进贡的香料赠予韩寿，因那香料名贵异常，晋武帝只将那香料赐予贾充和陈骞，贾充开始怀疑，并最终发现了这私情，把贾午嫁与韩寿。

徐娘指的是梁元帝的妃子徐昭佩。《南史·梁元帝徐妃传》中记载道："妃以帝眇一目，每知帝将至，必为半面妆以俟，帝见则大怒而去。"梁元帝萧绎只有一只眼，那徐昭佩便只化半面妆。那半面残妆是无情的嘲讽，还是凄楚的哀怨？是爱情让女人失去了理智。

贵妃醉脸，白菊的芳姿从没有那般浓艳绮丽；孙寿愁眉，白菊素来不肯那般矫揉造作；韩令偷香，白菊自有它的芳馨，何须在意别处的香气；徐娘傅粉，那白菊却从来只需天然的风姿。

微风吹动，吹送来那白菊的淡淡清香，它的芳姿丝毫不输那迟迟开放的酴醾。秋深了，它的芳姿日渐憔悴，它的倩影日渐清癯，"向人无限依依"，是在诉说着它的哀怨吗，还是在诉说着它的不屈？

《列仙传》中曾这样记载"汉皋解佩"的传说：郑交甫在汉皋台下遇见两位女子，皆佩戴着珍珠。郑交甫与那两位女子交谈，并请求两位女子赠予所佩之物，她们解下珍珠交与他。郑交甫又走了几步路，而当他再回过头时，那两个女子早已不见踪影,那珍珠也早已不知所踪。

"纨扇题诗"是关于班婕妤的故事。班婕妤容貌俏丽,极富才情,并有"辞辇"之德,深受汉成帝的宠爱。后赵飞燕入宫受宠,班婕妤受到冷落,只得终日幽居于长信宫中。相传,班婕妤曾作《怨歌行》,又名《团扇歌》:"新裂齐纨素,皎洁如霜雪。裁为合欢扇,团团似明月。出入君怀袖,动摇微风发。常恐秋节至,凉飙夺炎热。弃捐箧笥中,恩情中道绝。"而这就是所谓的"婕妤之叹"。王昌龄曾作五首《长信宫词》,只为吟咏这"婕妤之叹",其中有一首这样说道:"奉帚平明金殿开,且将团扇共徘徊。玉颜不及寒鸦色,犹带昭阳日影来。"多少人,为了她的遭际而唏嘘;多少人,为了她的悲苦而嗟叹。

"似愁凝、汉皋解佩,似泪洒、纨扇题诗。"那白菊是在为了"汉皋解佩"而凝愁,还是在为了"纨扇题诗"而洒泪?说白菊,未尝不是说自己。此时的明诚竟也在那汉皋台下遇见了仙女不成?殊不知缘来缘散,不过大梦一场,最终消弭了存在过的痕迹。而此时的易安呢,那重重帘幕低垂,却怎能将轻寒抵挡,那小楼的凄冷更胜过长信宫几分。那白菊的愁,易安来怜惜;那白菊的泪,易安来珍重。而易安的愁与泪呢,又有谁看到,又有谁知晓?人生若只如初见,何事秋风悲画扇。等闲变却故人心，却道故人心易变。依稀仿佛，还是易安当年"倚门回首，却把青梅嗅"时瞥见的面影，人依旧，情却早已不同。

"朗月清风，浓烟暗雨，天教憔悴度芳姿。纵爱惜、不知从此，留得几多时。"郑思肖曾有这样的诗句："花开不并百花丛，独立疏篱趣无穷。宁可枝头抱香死，何曾吹落北风中。"那是菊的宿命，因了它从来不同流俗，因了它不懂趋炎附势，因了它没有那般媚骨。

"人情好，何须更忆，泽畔东篱。"在《渔父》中有这样的句子："屈原既放，游于江潭，行吟泽畔，颜色憔悴。"此处的"泽畔"当指代屈原无疑。屈原在《离骚》中是写到过菊的："朝饮木兰之坠露兮，夕餐秋菊之落英。"以那秋菊为食，不为其他，只为这菊的高雅。陶渊明在《饮酒其五》中写道："采菊东篱下，悠然见南山。""东篱"便成为陶渊明的代称。为何单单要采这菊？不为其他，只为它的芳魂一缕。这菊有着怎样的风姿，贵妃醉脸、孙寿愁眉哪里及得上它，韩令偷香、徐娘傅粉简直是对它的亵渎。或许，也只有屈原、陶潜才差可比拟。如果没有这许多风波，没有这许多愁苦，哪里会去想"泽畔东篱"？他们与那菊一样，是她的寄托、她的慰藉。至此方知，这所有的一切，或许都不过是为了隐藏，隐藏她的寂寞、她的凄苦、她的"真意"——汉皋解佩、纨扇题诗。

况周颐在《珠花簃词话》中这样评价这首词:"李易安《多丽·咏白菊》,前段用贵妃、孙寿、韩掾、徐娘、屈平、陶令若干人物,后段用雪清玉瘦、汉皋纨扇、朗月清风、浓烟暗雨许多字面,却不嫌堆垛,赖有清气流行耳。'纵爱惜,不知从此,留得几多时'此三句最佳,所谓传神阿堵,一笔凌空,通篇具活。歇拍不妨更用'泽畔东篱'字。昔人评《花间》镂金错绣而无痕迹,余于此阕亦云。"殊不知,从来欢愉之辞难工,而穷苦之词易好,再多美好的篇章不过是痛楚浸泡的结果,而一并浸在这痛苦中的分明还有易安那颗破碎的心。

守着空虚寂寞,伴着凄苦愁浓,易安已从春等到了秋,从"手种江梅渐好",等到了"渐秋阑、雪清玉瘦"。等待,仿佛是无尽的煎熬;等待,仿佛是无边的苦楚。耳畔,回响起一支古老的歌谣:"桑之未落,其叶沃若。于嗟鸠兮,无食桑葚!于嗟女兮,无与士耽!士之耽兮,犹可说也。女之耽兮,不可说也。"

那人还会回头吗,又是在什么时候?

第三辑 ● 生命中无比肃杀的秋：国破家亡，黍离之悲

靖康之难后，她经历了流离失所的黍离之悲。身世的飘零，更加衬托了这个时代的动荡不安；饱经的苦难，也更加渲染了深沉凄怆的亡国之痛。此刻正是她生命中无比肃杀的秋。此时，一场细雨，一阵清风，都让她伤春悲秋、忧思满怀。

安石须起,要苏天下苍生

> **新荷叶·薄露初零**
>
> 薄露初零,长宵共、永昼分停。绕水楼台,高耸万丈蓬瀛。芝兰为寿,相辉映、簪笏盈庭。花柔玉净,捧觞别有娉婷。
>
> 鹤瘦松青,精神与、秋月争明。德行文章,素驰日下声名。东山高蹈,虽卿相、不足为荣。安石须起,要苏天下苍生。

这是一首祝寿词,后人总是费尽了心思,去猜测那寿主为谁。有人认为是晁补之,有人猜度是朱敦儒。苦苦探寻,始终没有太多的意义。隔了太远的时间与空间,蒙了太多历史的烟尘,再回头,依稀间,已再看不清当年寿主的面影。而分明无疑的,则是易安那颗为国忧虑的心。

薄露初降,又是一年秋分时节。那水边的亭台楼阁,恍惚间,成为万丈蓬瀛。"蓬瀛"指的是蓬莱和瀛洲,都是传说中的仙山。东晋葛洪在《抱朴子》中这样形容那些得道之士:"或委华驷而辔蛟龙,或弃神州而宅蓬瀛。"唐代许敬宗有诗句云:"幽人蹈箕颍,方士访蓬瀛。"明代唐顺之也曾写过"此去周南异留滞,看君到处即蓬瀛"的句子。自古人们求仙访道,不过为了长生不老,而那寿者竟然居于这人间仙境,莫不是早已得道成仙?

芝兰是香草。《世说新语·言语》中曾记载了关于"芝兰"的典故:"谢太傅问诸子侄:'子弟亦何预人事,而正欲使其佳?'诸人莫有言者,车骑答曰:'譬如芝兰玉树,欲使其生于阶庭耳。'"芝兰自然是对那"诸子侄"的美称。从前官员上朝,需要头戴冠簪、手执笏板,就是所谓的"簪笏"。苏轼曾写过这样的诗句,"数朝辞簪笏,两脚得暂赤"。"簪笏"指的是仕宦生涯,而在这里指的则是宾客中的诸位官员无疑。既有族中的众多子侄,又有朝中的诸位高官,更有那如花似玉的少女,献上美酒一樽。那寿宴有着怎样的盛景,自然可以想见。

祝那寿主福寿绵长,如松鹤一般;祝那寿主精神矍铄,胜如秋月;祝那寿主的德行文章,誉满京城。"鹤瘦松青",鹤与松一起常作为长寿的象征,多用于祝寿之词。秋分时节的月,也总是最为明亮。"日下"指京都,古代以皇帝比日,皇帝所居自然便称为"日下"。《晋书·陆云传》中有这样的记载:"云与荀隐素未相识,尝会(张)华坐。华曰:'今日相会，可勿为常谈．'云因抗手曰：'云间陆士龙．'隐曰：'日下荀鸣鹤．'"所有的祝寿之语，无论是那"鹤瘦"，还是那"松青"，甚或是那"秋月"，句句无不显得清新自然，种种无不透出蕴藉含蓄，也无一丝媚悦，也无半点凡俗。

"东山高蹈，虽卿相、不足为荣。安石须起，要苏天下苍生。"结尾二句所运用的都是谢安的典故。

谢安曾隐居于会稽东山，大诗人李白感念此事，曾作《东山吟》一首悼念谢安："携妓东土山，怅然悲谢安。我妓今朝如花月，他妓古坟荒草寒。白鸡梦后三百岁，洒酒浇君同所欢。酣来自作青海舞，秋风吹落紫绮冠。彼亦一时，此亦一时，浩浩洪流之咏何必奇。"在宋朝，人们又习惯用"东山"、"东郡"或"东州"来称呼齐州一带，也正因此，有人猜测那寿主正是原籍齐州的晁补之，不知其真假。但无论怎样，都已然成为历史，湮没成尘。

《世说新语·排调》记载道："谢公在东山，朝命屡降而不动。后出为桓宣武司马，将发新亭，朝士咸出瞻送。高灵时为中丞，亦往相祖。先时多少饮酒，因倚如醉，戏曰：'卿屡违朝旨，高卧东山，诸人每相与言：安石不肯出，将如苍生何！今亦苍生将如卿何？'谢笑而不答。"谢安是东晋时期的宰相，可谓一代名臣。莫非那寿主也有着这般荣耀，和他一般地位吗？

或许，此刻正江河日下的大宋王朝正等待着"东山再起"。

易安从来不是等闲之辈，她自幼博览群书，有着怎样的学识，又有着怎样的见地，这从她早年的诗歌创作中即可窥见一斑。

唐肃宗上元二年（公元761年），当安史之乱的硝烟都已散尽，元结写作了一篇《大唐中兴颂》，并刻于浯溪石崖上，歌颂大唐的中兴，也称扬自己的平叛之功。张耒是"苏门四学士"之一，针对元结的《大唐中兴颂》写作了《题中兴颂碑后》一诗。此诗一出，时人多有唱和。当时的易安刚刚在诗坛上小露锋芒，也写作了两首和诗，也正是这两首和诗让易安在诗坛占尽了风光。

其一云："五十年功如电扫，华清花柳咸阳草。五坊供奉斗鸡儿，酒肉堆中不知老。胡兵忽自天上来，逆胡亦是奸雄才。勤政楼前走胡马，珠翠踏尽香尘埃。何为出战辄披靡，传置荔枝多马死。尧功舜德本如天，安用区区纪文字。著碑铭德真陋哉，乃令神鬼磨山崖。子仪光弼不自猜，天心悔祸人心开。夏商有鉴当深戒，简策汗青今具在。君不见当时张说最多机，虽生已被姚崇卖。"

朝廷中有多少倾轧，从来不曾断绝。彼时的易安还不曾被驱逐，但目睹苏门子弟的遭际，心中又何尝能够了无块垒。

其二云:"君不见惊人废兴传天宝,中兴碑上今生草。不知负国有奸雄,但说成功尊国老。谁令妃子天上来,虢秦韩国皆天才。花桑羯鼓玉方响,春风不敢生尘埃。姓名谁复知安史,健儿猛将安眠死。去天尺五抱瓮峰,峰头凿出开元字。时移势去真可哀,奸人心丑深如崖。西蜀万里尚能反,南内一闭何时开。可怜孝德如天大,反使将军称好在。呜呼,奴辈乃不能道辅国用事张后专,乃能念春荠长安作斤卖。"

王灼在《碧鸡漫志》中这样评价易安:"自少年便有诗名,才力华赡,逼近前辈。在士大夫中已不多得。若本朝妇人,当推文采第一。"易安的才力自不待言,更重要的是,她还有那非同一般的史识。她并未对杨贵妃责之过甚,说什么女色误国,也并未刻意地为其开脱。面对历史,回望曾经,易安所表现出的冷静与公允,实在不似一个少女所能拥有的。

当时的易安不过十六七岁光景。正如人们不相信《如梦令》出自这位少女之手一般,人们同样不相信如此富有见地的诗作是易安的手笔。人们总是莫名地把少女和闺阁联系在一起,殊不知,那小小的闺阁哪里锁得住易安的心?她的心始终在广阔的天地。周煇在《清波杂志》中说:"以妇人而厕众作,非深有思致者能之乎?"陈宏绪在《寒夜录》中也说:"奇气横溢,尝鼎一脔,已知为驼峰、麟脯矣。"

易安若不是有着这般的思致、这般的才华，又哪里写得出那流传千古的《夏日绝句》呢？"生当作人杰，死亦为鬼雄。至今思项羽，不肯过江东。"小诗虽短，其气魄却分明堪比雷霆万钧，几令那须眉侧目。身，虽不曾驰骋沙场；心，却早已纵横大涯。

"安石须起，要苏天下苍生。"这样的诗句也只有易安能够写得出来。那时只认为政治是男人的专利，女人何必关心，又何须在意。只是易安从来不是那不知愁的闺中少妇，她的胸襟、气度何曾不胜过那许多须眉浊物！

此时的北宋王朝正处于江河日下的衰落中，龚自珍曾这样形容所谓的"衰世"："左无才相，右无才史，阃无才将，庠序无才士，陇无才民，廛无才工，衢无才商，巷无才偷，市无才驵，薮泽无才盗，则非但鲜君子也，抑小人甚鲜。"质言之，所谓的衰世体现在社会的方方面面，可惜可叹的只是那些士大夫，他们依旧纸醉金迷。此时的易安心中又是怎样的五味杂陈。此时的易安与后世那自称"鉴湖女侠"的秋瑾一般壮怀激烈："浊酒不销忧国泪，救时应仗出群才。拼将十万头颅血，须把乾坤力挽回。"她们的痛苦从来都是因为清醒。殊不知，人生难得的是糊涂，不是她们不懂，只是她们不愿。

多少事，欲说还休

> **凤凰台上忆吹箫·香冷金猊**
>
> 香冷金猊，被翻红浪，起来慵自梳头。任宝奁尘满，日上帘钩。生怕离怀别苦，多少事、欲说还休。新来瘦，非干病酒，不是悲秋。
>
> 休休！这回去也，千万遍《阳关》，也则难留。念武陵人远，烟锁秦楼。惟有楼前流水，应念我、终日凝眸。凝眸处，从今又添，一段新愁。

宋徽宗崇宁元年（1102年），当"元祐党人"被悉数驱逐出京之时，正是赵挺之风光无限之际，真可谓"炙手可热"。但对于政治而言，从来没有永远的朋友，有的只是永远的利益。当"外患"悉数解决时，赵挺之还面临着诸多"内忧"，这所谓的"内忧"便是与权臣蔡京争权。宋徽宗大观元年（1107年）正月，蔡京再次出任宰相。同年三月，赵挺之的宰相之职被罢免，其后仅仅五天他便气绝身亡。这场宰相之位的争夺战，终于以赵挺之的失败而告终。赵挺之成为蔡京登上权力顶峰的祭品。

而此时的赵家人竟然不知，更大的阴谋正在等待着他们。赵挺之死后仅三天，京城中的赵家人便被悉数收监。因查无实据，不久便被释放了，只是追封给赵挺之的官职却被无情地褫夺了，赵氏兄弟三人的官爵也因此而丢失。京城这是非之地，易安与明诚是再不能久留了，离开成了他们无法选择的选择。从此，他们开始了屏居青州的生涯。

生命中的阴差阳错，无意间造就了多少美好。屏居青州的这段岁月，竟成为易安永生难忘的记忆。昔年，陶渊明曾写作过一篇《归去来兮辞》，其中有这样两句："倚南窗以寄傲，审容膝之易安。"易安素来倾慕陶渊明的为人，"细看取、屈平陶令，风韵正相宜"，分明透着对陶渊明的无尽赞赏，此时她便将这宅院命名为"归来堂"，并自号"易安居士"。正是在这"归来堂"中，他们开始大量地收藏并研究金石字画，易安在《金石录后序》中曾这样形容当时的生活："食去重肉，衣去重采，首无明珠翡翠之饰，室无涂金刺绣之具。"只因心之所向，才是最绚烂的天堂。在这"归来堂"中发生的点点滴滴，大概易安一生都忘不掉，每每念及，喟然叹息"甘心老是乡矣"。

美好的时光总是飞快地逝去，转眼间，已是十年的光景。宋徽宗宣和三年（1121年），随着蔡京一党走向穷途末路，赵明诚之母郭氏向朝廷奏请,恢复了赵挺之那曾被追封又一度被夺的司徒之职,赵氏兄弟再度走上仕途。对于赵明诚而言,这意味着时来运转。而对于易安呢,又意味着什么?意味着心上人的离开,意味着十年来的美好光景不再。此刻易安的心情大概只有王昌龄的一首小诗说得清楚:"闺中少妇不知愁,春日凝妆上翠楼。忽见陌头杨柳色,悔教夫婿觅封侯。"丈夫再度走上仕途,她自然会有几分欢喜;而夫妻再度分隔两地,心中又不免感慨良多。她多想和他一起离开,而他从不答应她的请求。他终于离去了,昔日的"归来堂"中,是怎样的欢意融融,而今看去,只剩下点点酸楚。易安就是这样,伴随着孤单,伴随着寂寞,伴随着淡淡的思念与淡淡的哀怨,写下了这阕《凤凰台上忆吹箫》,远方的他可曾听到?

金猊是狮形的香炉,陆容在《菽园杂记》中这样记载:"金猊,其形似狮,性好火烟,故立于香炉盖上。"香料早已烧尽,香炉也已冰冷。易安最是那爱香之人,"篆香烧尽,日影下帘钩",是焚香;"薄雾浓云愁永昼,瑞脑消金兽",是焚香;"瑞脑香消魂梦断,辟寒金小髻鬟松",是焚香;"淡荡春光寒食天,玉炉沉水袅残烟",同样是焚香。那香炉是不同的形状,那香料是不同的味道,同样的却是香料已烧尽,她却无暇顾及。那阵阵香气缭绕着她的寂寞、她的愁苦和她的等待。那香炉中静静焚着的哪里是什么香料,分明是易安的心。

太阳升得老高了,被子懒得叠起,头发懒得梳理,匣上的灰尘懒得去理。或许,她只是不愿改变这房间的模样,一切一如往昔,仿佛他从来不曾离去。揽镜自顾,那镜中消瘦的人儿,是她自己不假。这消瘦,不是因为缠绵病榻,不是因为酣饮终日,也不是因为悲这深秋,却是因为……罢了,那么多的寂寞伤怀,那么多的离愁别绪,哪里是说得清的。最怕的,莫过于那离愁。离别虽苦,却从来不曾苦似今日这般。她分明希望追随着他,哪怕千里万里,哪怕海角天涯,只是他的眼中写满了拒绝。易安不语,可那心事,我们分明听得清清楚楚。

"阳关"出自诗人王维的《送元二使安西》:"渭城朝雨浥轻尘,客舍青青柳色新。劝君更尽一杯酒,西出阳关无故人。"后人依此创作了琴曲《阳关曲》,又名《阳关三叠》,作送别之用。而就算唱了千万遍《阳关曲》,他也不曾留下,终于还是离开了。千言万语,她还能说什么呢,唯有"休休"二字了吧。曾经,爱情是在空中飘荡的纸鸢,飘得再高再远,她都不曾害怕,只因那绳索始终紧握在她手中。而今,线断了,纸鸢飘远了,再也寻不见它的影踪。

武陵人去，水迢迢，"武陵人"走远了，只剩了易安自己，守着这寂寞的庭院。"武陵人"的典故出自陶渊明的《桃花源记》："晋太元中，武陵人捕鱼为业。缘溪行，忘路之远近。忽逢桃花林，夹岸数百步，中无杂树，芳草鲜美，落英缤纷，渔人甚异之。复前行，欲穷其林。"那武陵人只知桃林夺目红，却不知一切只是梦一场。桃花，是啊，那桃花开得该是有多艳丽，"武陵人"又怎能不被它吸引，而易安心中的"武陵人"呢，竟也是因了这桃花而离去吗？

桃花，总是这桃花，在那娇艳的脸庞下，有着多少悱恻的传说。

崔护有一首诗名为《题都城南庄》："去年今日此门中，人面桃花相映红。人面不知何处去，桃花依旧笑春风。"去年今日，人面与桃花交映，是因了那桃花，还是因了那人面，竟引得人再度探寻。易安心中的"武陵人"也是如此吗？是去追寻那"桃花"，还是去追寻那"人面"？

昔年，在那天台山上，刘晨和阮肇不也是被这桃花迷乱了目光，被那仙女牵绊住了脚步，只是山中方一日，世上已千年，再回首，一切早已不复往昔。《幽明录》中是这样描述的："亲旧零落，邑屋改异，无复相识。问讯得七世孙，传闻上世入山，迷不得归。"那"武陵人"竟也为了山中的一日，抛却了眼前的时光。

他走了，只剩下孤独的她和这寂寞的小楼。易安有着怎样的苦心，为何偏偏着以"秦楼"二字，莫不是个中更有深意在？却原来，这词牌本就是"凤凰台上忆吹箫"，那"秦楼"本就是当年萧史弄玉的居所，易安早已埋下伏笔。《列仙传》中有这样的记载："萧史善吹箫，作凤鸣。秦穆公以女弄玉妻之，作凤楼，教弄玉吹箫，感凤来集，弄玉乘凤、萧史乘龙，夫妇同仙去。"屏居青州的赵李二人，岂不就是当年的萧史弄玉？同样的是，她们最终都被抛弃；不同的是，弄玉化凤归去，易安却独自守着这"秦楼"。

他走了，走得那样远，远到再也看不清他的背影，远到再也听不到他的声息。他可曾还会想起她？桃花那么美，而她也只能是他的曾经。或许，只有那门前的流水，懂得她的惆怅，懂得她的相思。多少次，她在这里流连，只因他是从这里乘舟离去；多少次，她在这里流连，只因太过盼望他的归期，望得久了，眼里便有了泪；泪凝得多了，就流进了那河水里，夹着哀怨，伴着离愁。只是，这样就没有惆怅了吗，又或者是惆怅更浓？

楼锁春心，空相思

> **念奴娇·春情·萧条庭院**
>
> 萧条庭院，又斜风细雨，重门须闭。宠柳娇花寒食近，种种恼人天气。险韵诗成，扶头酒醒，别是闲滋味。征鸿过尽，万千心事难寄。
>
> 楼上几日春寒，帘垂四面，玉阑干慵倚。被冷香销新梦觉，不许愁人不起。清露晨流，新桐初引，多少游春意。日高烟敛，更看今日晴未？

人生在世，有几人能勘破那无尽的岁月。当年"炙手可热"的赵挺之，身后事却是何等萧条。那一度"只手遮天"的蔡京，竟也有撒手人寰的时刻。或许，生命的奇妙正在于它的不可预知。正如你永远无法猜到明朝是晴是雨，你也永远不能看透未来是祸是福。曾几何时，当赵家深陷于水深火热之中，赵明诚怎知今生还会有东山再起的时刻。本以为余生尽是岁月蹉跎，与相知的妻屏居"归来堂"，玩摹金石，赏鉴书画，倒也乐得自在逍遥。但世事终归如此，总是看似情理之中，却又出乎意料之外。宋徽宗宣和三年（1121年），赵明诚被任命为莱州知州。无常的命运，和易安开着怎样的玩笑。她从不要什么夫贵妻荣，她从来只想与爱人相守一处。但如果那是他的追求，她又怎能阻挡他的脚步。她要追随着他，哪怕千里万里；他却抛开了她，独自远行。

他走了，只剩下了她，和这寂寞的庭院。"斜风细雨"，依稀让我们想起当年张志和的诗句："西塞山前白鹭飞，桃花流水鳜鱼肥。青箬笠，绿蓑衣，斜风细雨不须归。"伴着那斜风细雨，看山前白鹭，看桃花流水，是一种怎样萧散的情怀。可惜同样的"斜风细雨"天气，易安却读出另一种况味，斜风吹来的是苦楚，细雨飘落的是离愁，她不愿去看那万千风景，只愿把自己锁在那寂寞的小楼。当年的阿娇幽居于长门宫中，终是被逼无奈，而今的易安却甘愿被锁在这萧条庭院。

宠柳娇花，是怎样的美好风物，落得进眼中，却走不进心里。明代沈际飞在《草堂诗馀正集》中这样评价这首小词："真声也。不效颦于汉魏，不学步于盛唐，应情而发，能通于人。有首尾。'宠柳娇花'，又是易安奇句。后人窃其影，似犹惊目。"易安就是有着这般魔力，随意捻出数语，便令行家里手称奇。无奈的却是，这样的奇女子，面对爱情，也无能为力。

当心中写满离愁，眼中所见自然唯有"种种恼人天气"。

又是一年寒食天气。印象中，寒食节总是能够引起易安的万千思绪，还记得她曾写过的那首《浣溪沙》吗，"淡荡春光寒食天，玉炉沉水袅残烟，梦回山枕隐花钿。海燕未来人斗草，江梅已过柳生绵。黄昏疏雨湿秋千。"当年的她还是一个豆蔻梢头的少女，而今已是人到中年。人已不再有当年的面容，景致也不复当年的模样，不变的只是数不尽的愁与说不完的怨。愁也好，怨也罢，都不过是因为他。

险韵诗写成了，扶头酒喝尽了，却还是了无滋味。

险韵诗是指用那生僻而又难押之字为韵脚的诗，自然最是难写。从前的易安写出这样一首险韵诗，会否让那人看上一看，那人又会否和上一篇？只是如今写出了再好的诗，又该拿给谁欣赏？

"扶头酒"，按其字面便知，那酒能够将醉了的头扶起，自是有着振奋头脑的作用。诗人范成大曾写过一首名为《食罢书字》的诗："甲子霖涔雨，东南湿蛰风。荔枝梅子绿，豆蔻杏花红。扪腹蛮茶快，扶头老酒中。荒隅经岁客，土俗渐相通。"茶可以消食，酒可以醒脑。那是一种就算身处"瘴毒环绕，鸟禽绝迹，不闻兽语"的蛮荒之地，也抵挡不住的快乐逍遥。辛弃疾在《丑奴儿·采桑子》中这样写道："寻常中酒扶头后，歌舞支持。歌舞支持。谁把新词唤住伊。"饮这扶头酒，却原来是为了把歌舞欣赏。而易安饮这扶头酒却又是为何呢？为了醒来继续那无尽的思念吗，又或者，此时的她更愿意长醉不醒，唯其如此，才能免去那许多相思的苦楚？

天空中飞过大雁几行，可否寄去她的相思？只是那万千心事从何处诉说，只是那远去的人儿可还愿看到她的只言片语？

那寂寞的小楼，是怎样的寒冷刺骨。就算四面的垂帘，挡住了风，遮住了雨，也终究抵挡不了心中的寒苦。不愿倚着那栏杆，那栏杆何曾读懂她的心事。被已冷，香已残，终究要从那新梦中醒转，就算有着万千愁苦，也终究要面对这纷扰的尘世说早安。种种情景，般般心事，岂不酷似那首《凤凰台上忆吹箫》，"香冷金猊，被翻红浪，起来慵自梳头。任宝奁尘满，日上帘钩"。却原来，明诚走后的岁月里，易安的生命都是如此这般，"一天"与"一生"又有何分别，只因生命里没有了他，再多的美好也变成了惆怅情怀。

李攀龙在《草堂诗余隽》中这样评论这首词："心事有万千，岂征鸿可寄？'新梦'不知梦何事？心事托之新梦，言有寄而情无方。玩之自有意味。上是心事，难以言传，下是新梦，可以意会。"多么可笑的错位，偏偏这许多不相干的人，最是能读懂易安的心事，明诚，你如何看不到易安的愁苦？

"清露晨流，新桐初引。"这是《世说新语》中的句子："王恭始与王建武甚有情，后遇袁悦之间，遂致疑隙。然每至兴会，故有相思。时恭尝行散至京口射堂，于时清露晨流，新桐初引。恭目之曰：'王大故自濯濯。'"易安从不是那寻常女子，她倾慕的是屈原，她服膺的是陶潜，她感慨的是项羽，个个都是真名士与真豪杰。明代徐士俊在《古今词统》中这样评价易安："亦是林下风，亦是闺中秀。"这样的女子，只有那"魏晋风度"，才能入得了她的眼。殊不知，这样的女子从来就是被人景仰的。她是他的师，是他的友，是他世间最好的知音。他崇敬、仰慕她，而说到爱，却也许从来没有那般刻骨铭心。

清露初降，新桐初发，这初春的早晨是何等的清新，勾起了她的游兴。太阳升得高了，驱散了烟尘，好一个清朗的天气！

只是不知，她心中的烟尘，又何日才能散尽呢？

连天芳草,望断归来路

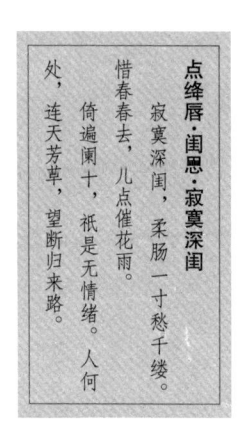

> **点绛唇·闺思·寂寞深闺**
> 寂寞深闺,柔肠一寸愁千缕。惜春春去,几点催花雨。
> 倚遍阑干,祇是无情绪。人何处,连天芳草,望断归来路。

"世人都晓神仙好,唯有功名忘不了!古今将相在何方?荒冢一堆草没了。"在《红楼梦》的第一回中,曾有一位疯癫的跛足道人,唱着一首《好了歌》出场。以上所引,正是其中几句。道理自然是谁都懂,只是真正能够无视那功名利禄的又有几人? "长醉后方何碍,不醒时有甚思。糟腌两个功名字,醅渰千古兴亡事,曲埋万丈虹霓志。不达时皆笑屈原非,但知音尽说陶潜是。"易安自是那屈平陶令的异代知音,无奈她的丈夫依然汲汲于功名。在屏居青州十年以后,赵明诚终于再度被起用。宋徽宗宣和三年（1121年），赵明诚只身赴莱州任上。只是就算他阻挡了她追随的脚步，也终究无法阻挡她的良多思念。

五代词人韦庄曾作过两首《应天长》，写尽了女子对离人的思念。或许是伤心人别有怀抱，这两首小词竟触动了易安的肝肠。

"绿槐阴里黄莺语，深院无人春昼午。画帘垂，金凤舞，寂寞绣屏香一炷。碧天云，无定处，空有梦魂来去。夜夜绿窗风雨，断肠君信否？"或许每一个思妇都有这样一座深闺，垂着帘，焚着香。而那思妇就在深闺之中，细数自己的寂寞与愁苦，数着数着，便数尽了一生。当昔年的易安"倚门回首，却把青梅嗅"，当昔年的易安"云鬓斜簪，徒要教郎比并看"，彼时的她怎会料想到，他年的自己竟也有这独守深闺的寂寞时分？

"别来半岁音书绝，一寸离肠千万结。难相见，易相别，又是玉楼花似雪。暗相思，无处说，惆怅夜来烟月。想得此时清切，泪沾红袖黦。"或许每一个思妇，都有着这样的愁肠百结。结着怨，结着恨，结上那寸寸离肠。怨了太多，恨了太久，那离人终究不肯回头。他可曾记得那许多过往，又或者一切不过萍水相逢，只是绮梦一场。曾经的誓言，早已是云烟过眼。多少思妇用尽一生光阴，只为回首那美好的曾经。

"寂寞深闺，柔肠一寸愁千缕。"易安的这两句，岂不正是对韦庄这两首小词的精妙演绎。

细雨飘洒，摧残着那曾经娇艳的花，眼见那春天又要过去。大概总是诗人最多情，杜甫说："一片花飞减却春，风飘万点正愁人。"欧阳修说："雨横风狂三月暮，门掩黄昏，无计留春住。"易安又何尝不是如此，何尝不想把那残春留住，将那落花珍惜？可终究，花还是要飘落，春还是要离去。那滴滴飘洒的究竟是天上的雨，还是易安的泪？那片片凋零的，究竟是开残的花，还是他们时光不复的曾经？一年复一载，这对离散夫妻何日才能再见？

倚着栏杆，凝望远方，就算将那栏杆倚遍，也终究不见他的影踪。惆怅太多，她不愿多说什么，只因再多的言语也无法将他唤回。她苦苦思念着的人儿，此刻究竟身在何方？"人何处"，饱含着多少思绪；"人何处"，满溢着多少愁肠。谁的生命中不曾出现过这样一个人，牵挂着你的肝肠，左右着你的悲喜，不消多说，便已让人猜到他的名姓。而易安笔下的那个"人"，也只能是赵明诚无疑。"无人到，寂寥浑似，何逊在扬州"，那"人"何尝不是他？"念武陵人远，烟锁秦楼",那"人"又何尝不是他?而那人,如今在何处?他的心,如今在何方?或许,还是欧阳修看得真切,他曾在《踏莎行》中说道:"寸寸柔肠,盈盈粉泪,楼高莫近危阑倚。平芜尽处是春山,行人更在春山外。"纵使那楼再高,也不要去倚望,如果注定看不到他的踪迹,又何必让自己徒增伤心。

"连天芳草,望断归来路。"倚着这栏杆,终日凝望着远方。却原来,思妇真的都是一般模样。还记得温庭筠那首著名的《望江南》吗,"梳洗罢,独倚望江楼。过尽千帆皆不是,斜晖脉脉水悠悠。肠断白蘋洲"。元曲中有一首《喜春来·闺情》:"窄裁衫裉安排瘦。淡扫蛾眉准备愁。思君一度一登楼。凝望久。雁过楚天秋。"不同的不过是,此刻落在易安眼中的不是那脉脉斜晖、悠悠流水,也不是那阵阵秋雁,而是那连天的萋萋芳草。《楚辞·招隐士》中有这样的句子:"王孙游兮不归,春草生兮萋萋。"春草都已萋萋,那王孙为何依旧滞留山中,不肯归来?是怎样的相似,又是怎样的不同?那王孙滞留山中,是为了躲避凡俗;而今日的明诚,他的不归却正是因了置身官场。"王孙兮归来,山中兮不可久留",就算招得回那山中的王孙,又岂能招得回那名利场中的明诚?

爱情中的女人,从来都是这般被动。彼时风光无限的赵明诚被赶出京城,是易安与他屏居青州长达十年的光阴。而今,当赵明诚重返京都,却独独把易安留在了青州。他从来有他的方向,她从来只有唯命是从。

等着、怨着、恨着,但始终不能平的,却是心中依旧深深地爱着。

华服金钗谁人赏

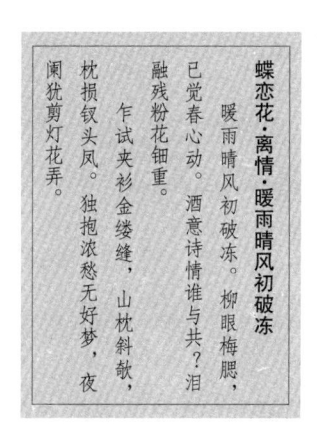

> **蝶恋花·离情**
> 暖雨晴风初破冻。柳眼梅腮，已觉春心动。酒意诗情谁与共？泪融残粉花钿重。
> 乍试夹衫金缕缝，山枕斜欹，枕损钗头凤。独抱浓愁无好梦，夜阑犹剪灯花弄。

暖雨晴风，冰雪初融，终于又到了这春回大地的时刻。那柳叶如同女子娇媚的眼，那梅花如同女子绯红的腮。这般美好的光景，在易安的笔下，许久也不曾见到了。那湖畔、那堤旁、那垂杨下、那断桥边，是否已有了三三两两结伴而行的游人？如此良辰美景，又怎能不缭乱了易安的芳心？仿佛是有意，又或者是无心，只是那"离情"二字泄露了秘密。此时，依然身处青州的易安，与心爱的丈夫分隔两地，这般烂漫春光，谁来与她共赏？而那离人，此刻又是伴在谁的身旁？或者，正是这春光惹了她的情思，添了她的惆怅。

面对如斯美景，本应该喝上几杯酒，写上几句诗。无奈，孤影只身的她，又能与谁饮那杯满斟的酒。只能独自品尝那一杯孤苦，一滴，一口，饮进的都是寂寞浓愁。有心写上一阕词，落笔处便有了这一首"离情"。

泪水将那残粉融化，也懒得去管。这千般思绪、万般愁苦，在易安的词中我们已见了太多。易安这个女子是该让人怜惜的，自始至终，她付出了多少真情，又承受了多少苦楚！她只是把那痛苦的泪流向心里，她只想一个人默默承受。可是，她的心也终究是真实的血肉。旁人可以看不到她的苦与泪，但那明诚为何也看不到？曾经相爱过的人，为何要这般苦苦相逼。对于一个女人而言，爱人的冷落便是最大的煎熬。

那昏昏沉沉的头竟承受不住花钿的重量。那金缕衣多美多贵重，她却浑然不去在意。"劝君莫惜金缕衣，劝君惜取少年时"，金缕衣虽好，又何曾值得珍惜，值得珍惜的从来只有那年少的时光，可惜此刻的她早已不复拥有。她只是懒懒地倚着那山似的凹枕，倚得久了，竟压断了那支钗头凤。

那华服，那金钗，她全不在意。女人素来喜欢打扮自己，却原来都是为那"悦己者"梳妆。而当那"悦己者"不在身旁，再精致的妆容、再华美的服饰、再名贵的金钗又有何用，又叫谁来欣赏？

钗是古代妇女的一种头饰，钗头凤正是把那钗头做成了凤凰的形状。马缟在《中华古今注》中说："始皇又（以）金银作凤头，以玳瑁为脚，号曰凤钗。"此刻易安头上的这支钗头凤，是当年"见客入来，袜刬金钗溜"的那一支吗？当年却最是回不去的曾经，只在依稀的梦魂里摇曳生姿。

伴着那一怀愁绪入眠，又怎能有好梦呢？梦里也尽是离情吧，梦里也尽是哀愁吧，在那梦中也曾滴落了几滴泪吗，滴在那金缕衣上，滴在那山枕上，醒来后唯有一片冰凉。

清代贺裳在《皱水轩词筌》中这样总结道："写景之工者，如尹鹗'尽日醉寻春，归来月满身'，李重光'酒恶时拈花蕊嗅'，李易安'独抱浓愁无好梦，夜阑犹剪灯花弄'，刘潜夫'贪与萧郎眉语，不知舞错伊州'，皆入神之句。"这是怎样高的赞誉！而易安自是当之无愧。

夜已阑珊，既然怀着这愁怨，也终究不会有好梦，姑且拨弄灯花，聊以消忧。据传说，灯花是喜事的预兆。杜甫在《独酌成诗》中有这样的句子："灯花何太喜，酒绿正相亲。"那灯花岂不就是将得美酒的喜兆？而此时的易安拨弄灯花，又是有着怎样的期许？是那难消解的幽情苦绪，是那难入寝的寂寞愁浓。我们知道，终归和那他乡的丈夫有关。是期许他快些把家来还，还是期许他慢些把她来忘？

陈廷焯在《白雨斋词话》中曾这样评价李易安："宋闺秀词自以易安为冠。"却又下了这样的断语："李易安词却未能脱尽闺阁气。"或许，那所谓的"闺阁气"正是易安存在的意义。傅东华在其著作《李清照》中这样说道："她（易安）不向词的广处开拓，却向词的高处求精；她不必从词的传统范围以外去寻新原料，却只把词的范围以内的原料醇化起来，使成更精致的产物。"易安素来认为，词"别是一家"，是用以书写离情的，而家国大业，留待在诗中表达，词中从来没有那般广阔的天地。她也曾写过《浯溪中兴颂诗和张文潜》，也曾写过《乌江》。易安对历史、对现实、对所谓的家国天下，有着多少非凡的感悟，几令许多须眉汗颜。但她把这些内容留给了诗，在词中只书写自己的真心。但就算是书写真情、离情、苦情、怨情，这些所谓的小儿女情怀也自有高低上下之分。易安是一个女子，只有女子更能理解女子的情怀。易安用尽了自己的一生，书写了女性的心史。

晏殊在《玉楼春》中曾有这样的句子："无情不似多情苦，一寸还成千万缕。天涯地角有穷时，只有相思无尽处。"

如果本就无情,是否就不用承受这相思的苦楚?只是易安不愿。比起忘记他、忘记这段情,她宁愿永生陷在这无尽的凄苦里。

惜别伤离，东莱寻君去

> **蝶恋花·泪湿罗衣脂粉满**
>
> 泪湿罗衣脂粉满，四叠《阳关》，唱到千千遍。人道山长山又断，萧萧微雨闻孤馆。
>
> 惜别伤离方寸乱，忘了临行，酒盏深和浅。好把音书凭过雁，东莱不似蓬莱远。

宋徽宗宣和三年（1121年）八月，易安终于从青州出发，奔赴莱州，奔赴她那心爱的丈夫。昔时，赵明诚只身赴莱州任上，将易安留在那寂寞的"归来堂"中。她的凄苦，他视而不见；她的痛哭，他充耳不闻。只因那曾经的爱情，早已变作另一种模样。早在屏居青州之前，赵明诚就已游冶他方，易安也已发出婕妤之叹。易安这样的女子，从来都是让人仰慕的，却从来都不是让人怜爱的。只因任何人面对她，都是需要仰视的，她有她的思想、她的才情，那从骨子里透出的逼人的锋芒，怎能不令他退缩？最初，他也曾被那"词女"的名声吸引,梦寐里都思念着成为"词女之夫",只是太多年过去了,他也会累,也会倦。他也会怀疑,是否一生,他都要被她的光芒笼罩?原来生活,从不似一首小词般绚烂。

只是易安从来懂得去争取,何曾坐以待毙?如果爱情已走远,她就将它追回;如果爱人已走远,她就将他唤回。这一次,她要朝着他的方向,独自远行。

这阕小词还有另外一个名字,叫作《晚止昌乐馆寄姊妹》,正是易安在奔赴莱州途中经过昌乐馆时所作。易安在《金石录后序》中只说到自己有一位兄弟,并未提及还有"姊妹"。那"姊妹"为谁,今日已不可确考,或许是堂姊妹,或许是丈夫赵明诚的姊妹,又或者是投契的相交。只是可以这样牵动易安肝肠的,定然是莫逆之交。

她是怎样不忍离开这一众姊妹,泪水打湿了罗衣,凌乱了脂粉,只因为分别在即。《阳关曲》是因了王维的诗句而得名。王维曾写过一首诗,名为《送元二使安西》:"渭城朝雨浥轻尘,客舍青青柳色新。劝君更尽一杯酒,西出阳关无故人。"这首诗后来被谱入乐府,用以送别。以其首句而得名《渭城曲》,又称为《阳关曲》。在送别的时候,歌词要反复咏唱三遍,因而得名《阳关三叠》。元代的《阳春白雪集》中记载有大石调《阳关三叠》:"渭城朝雨,一霎浥轻尘。更洒遍客舍青青，弄柔凝，千缕柳色新。更洒遍客舍青青，千缕柳色新。休烦恼！劝君更尽一杯酒，人生会少，自古富贵功名有定分，莫遣容仪瘦损。休烦恼！劝君更尽一杯酒，只恐怕西出阳关，旧游如梦，眼前无故人。"历来唱这《阳关曲》都只唱二叠，易安却偏偏要唱上四叠，是别出心裁，抑或是离别太苦、思念太深？纵是这四叠的《阳关曲》，也要唱上千百遍。太多的留恋，太多的不舍，此刻已不消更多的言语。

姊妹们分明告诉她，山是那样长，路是那样险，如今方知此言不虚。独自在那寂寞的昌乐馆中，听夜雨萧萧，此时的易安失却了姊妹们的陪伴，却也不知何日才能寻见明诚的影踪，恰似杜甫所说，"飘飘何所似，天地一沙鸥"。是不是就算从此这世界上少了一个李易安，明朝也不会有怎样的不同，天地还是这个天地，人间还是这个人间。凄苦、离恨、寂寞、愁绝，如山洪般在一瞬之间将她击垮，却原来，她也有这般疲惫的时刻。

方寸乱，出自《三国志·诸葛亮传》中徐庶的言语："今已失老母，方寸乱矣。"因了这分别，易安竟方寸大乱，临行之时饮了几杯酒，竟也浑然忘怀。

易安从来如此，从不愿将自己的软弱流露，她不要别人或是同情或是可怜的目光，这目光落在身上仿佛一种凌迟，凌迟着她的身体，也凌迟着她的灵魂。此刻的方寸大乱，怎能尽是因了这别离，分明是为那即将到来的相见而担忧，只是易安从来不曾言语。因为这担忧，她哭湿了罗衣，哭乱了脂粉；因为这担忧，她雨夜凄寒；因为这担忧，她方寸大乱。而这担忧，却是所为何来？相见争如不见，有情还似无情。易安只是不知，在遥远的莱州等待着自己的是什么。不相见，她可以为他的一切不理不睬寻找借口。而如果所有的冷漠都近在目前，她又如何寻觅那开脱的理由？

姊妹们，这一去，不知何日才能再相见，一定要让那大雁带去你们的消息，莱州从来不似蓬莱那样遥远。而不要说什么莱州、蓬莱吧，那莱州虽然可通音信，易安却从来不曾收到过丈夫的片语只言。只因他的心，从来只流连那遥远的蓬莱。他是那"武陵人"，早已走出了她的生命。

心若在一处，天涯也只在咫尺间。心若是分离，再多的付出也不过是枉然而已。从来，易安都只相信，那"词女之夫"是上天的赐予；从来，易安不曾质疑，他们也有缘尽的那一天。

而当这一切，就那样无比真实地发生在易安面前，一切恍如晴天霹雳，将她彻底击垮在地。易安刚刚到达莱州，便作了一首《感怀》，诗云："寒窗败几无书史，公路可怜合至此。青州从事孔方兄，终日纷纷喜生事。作诗谢绝聊闭门，燕寝凝香有佳思。静中吾乃得至交，乌有先生子虚子。"在这首诗前还有一段小序："宣各辛丑八月十日到莱，独坐一室，平生所见，皆不在目前。几上有《礼韵》，因信手开之，约以所开为韵作诗，偶得'子'字，因以为韵，作感怀诗。"自从易安到达莱州，便是尽日"独坐一室"。殊不知"子虚乌有"，从来都不曾存在；殊不知就算到了这莱州、到了丈夫的身旁，易安也只是一个人守着寂寞、守着愁浓。

为何会有分离，如果那两颗心曾经紧紧贴近；为何会有分离，如果那两个人曾经静静相依。

无论是醒来还是在梦里，我都要把你追寻，只因曾经深爱过，哪能轻易说离别？

花光月影，空梦长安

> **蝶恋花·上巳召亲族**：永夜恹恹欢意少。空梦长安，认取长安道。为报今年春色好。花光月影宜相照。
>
> 随意杯盘虽草草，酒美梅酸，恰称人怀抱。醉里插花花莫笑。可怜春似人将老。

这首《蝶恋花》大概创作于宋高宗建炎二年（1128 年），当时的赵、李二人正寓居江宁。从宋徽宗宣和三年到宋高宗建炎二年，从莱州到江宁，在这中间发生了多少离合悲欢，实在是难以尽言。

宋徽宗宣和七年（1125 年），赵明诚转徙淄州任上。同样是在这一年，金国大举南侵，十二月宋徽宗退位，太子即位，是为宋钦宗。

宋钦宗靖康二年（1127 年）三月，赵明诚往江宁奔母丧。此时的时局更加紧张，易安随即回到那昔日的青州"归来堂"，整理夫妇二人毕生之收藏。易安在《金石录后序》中这样记载当时的情景："既长物不能尽载，乃先去书之重大印本者，又去画之多幅者，又去古器之无款识者，后又去书之监本者，画之平常者，器之重大者。凡屡减去，尚载书十五车。至东海，连舻渡淮，又渡江，至建康。青州故第，尚锁书册什物，用屋十馀间，期明年春再具舟载之。"抛却那一件件昔年的收藏，犹如亲手埋葬自己的过往，易安的心中又会是怎样一种滋味？只是还由不得她细想，就遇到了更大的风波。乱世中人往往如此，总要经历一波未平，一波又起，而就在这一波接着一波的磨难与愁苦里，人渐老，心渐衰。仅仅过去了一个月的时间，金军俘虏了徽钦二帝，北宋随即灭亡。五月，宋徽宗第九子康王赵构于南京应天府即位，改元建炎，是为高宗，历史学家们称之为"南宋"。

宋高宗建炎元年（1127年）七月，赵明诚被任命为江宁知府，兼任江东经制副使，八月即到江宁任上。此时的易安，正在运送那"十五车"文物的途中。却不料，就在这一年的十二月，青州即发生了兵变，那十几屋的文物悉数毁于战火。易安在《金石录后序》中只留下这样一句话："十二月，金人陷青州，凡所谓十馀屋者，已皆为煨烬矣。"寥寥数语又哪里诉得尽易安心中的凄苦？途经镇江之时，又偏逢江外之盗。易安手携出自蔡襄之手的《赵氏神妙帖》，经历了多少惊心动魄，经历了多少胆战心惊，终于将这珍贵异常的书帖带回赵明诚的身旁。赵明诚感戴不已。建炎二年（1128年）三月十日，赵明诚为这幅《赵氏神妙帖》题上一段跋语："此帖章氏子售之京师，余以二百千得之。去年秋西兵之变，余家所资，荡无遗余。老妻独携此而逃。未几，江外之盗再掠镇江，此帖独存。信其神工妙翰，有物护持也。"他也曾流连那浮花浪蕊，但当浮华褪尽，当大难来临，也只有这"老妻"不曾负他的一片深情。他们依旧有着"夫妇擅朋友之胜"的情谊。

可惜的只是，文字道得出那许多年的过往，却道不尽人心在流年里历尽的沧桑。

宋代的江宁即今天的江苏南京，古时候又称为"金陵"，自古便是烟柳繁华之地。但初到江宁的李易安，却无心去欣赏那许多繁华。周煇在《清波杂志》中曾这样记载道："明诚在建康日，易安每值天大雪，即顶笠披蓑，循城远览以寻诗，得句必邀其夫赓和，明诚每苦之也。""南渡衣冠少王导，北来消息欠刘琨"、"南来尚怯吴江冷，北狩应悲易水寒"，这些诗句大概正是这许多次雪天赋诗所觅得，而这样的诗句又教明诚如何来和？易安每每感慨，南宋王朝偏安一隅之际，那满朝文武却仍然沉溺在纸醉金迷的幻梦里。而她却几乎忘记,她的丈夫也正是那满朝文武之中的一员。

"靖康之难"发生后,随着北宋朝廷的灭亡,赵、李两族的许多亲友也纷纷逃往江南避难。在得知赵明诚担任江宁知府的消息之后,他们便纷纷前来投奔。这阕小词所记载的正是赵明诚夫妇二人于上巳日招待诸多亲友的盛况。秦汉时将三月上旬巳日称为"上巳日",魏晋以后将三月三日定为"上巳日"。著名的兰亭之会,便是在这一天。王羲之曾在《兰亭集序》中这样描写那次盛会:"永和九年,岁在癸丑,暮春之初,会于会稽山阴之兰亭,修禊事也。群贤毕至,少长咸集。"而赵、李二人的此次宴会也会有这般盛景吗?

盛宴还未曾开始,女主人便显出了几丝疲惫,只因昨夜那一场清梦。"长安"是汉代和唐代的都城,此处应代指昔日北宋的都城汴京。梦里依稀回到了往日的京都,她还记得那京都的每一条寻常巷陌,无奈的是,纵使走过千里万里的路途,始终也到达不了那昔日的城池。午夜梦回,唯有一阵唏嘘,却原来一切不过空梦一场。

花光月影虽好,她却无心欣赏,只因心中的惆怅那么浓、凄苦那么多。景致,依稀还是那昔年的模样;而昔年,却早已是回不去的曾经。

"随意杯盘虽草草,酒美梅酸,恰称人怀抱。""杯盘草草"，说的是食物并不十分丰盛。但虽则不丰盛，却也有着美酒和酸梅。梅子在古代多用以调味或佐餐。这酒席虽简单，却也算得上适合众人的口味。王安石在《示长安君》中曾写过这样的句子："草草杯盘供笑语，昏昏灯火话平生。"不正是一样的"杯盘草草"？而那团聚之乐、笑语欢歌却从不因那酒席的朴素而改变丝毫。重要的，哪里是这筵席的丰盛，不过是在这乱世中的相逢。

纵使醉了，也不要把那花插满头。北宋时，洛阳人有插花的习惯，欧阳修在《洛阳牡丹记·风俗记》中说："洛阳之俗，大抵好花。春时城中无贵贱皆插花。"只是现在流寓在这江宁，插花又怎能不引起对过往的追索？那遥远了的故乡，那恍惚了的记忆，大概只能在梦中忆起了。张端义在《贵耳集》中曾这样说道："（易安）南渡以来，常怀京洛旧事。"多少往事在梦中徘徊、在心间萦绕，这插花也是其中的一种吧。或许插上了花，就仿佛回到了过去的年月里，那就姑且放肆这一回吧。怕只怕竟如武元衡诗中所云，"月惭红烛泪，花笑白头人"。那花不要发笑，殊不知那春天也如人一般，也会有迟暮的时候，想那当年的易安，"卖花担上，买得一枝春欲放"，便"云鬓斜簪，徒要教郎比并看"，是何等的风流俊俏。只是隔了太久的时光，一切美好都已模糊。

刘希夷在《代悲白头翁》中说："年年岁岁花相似，岁岁年年人不同。"一年又一载，相似的是花朵的盛开，不同的是人的心景不似从前。

老去无成，悲生起

> **临江仙·庭院深深几许·并序**
>
> 欧阳公作《蝶恋花》，有深深深几许之句，予酷爱之。用其语作庭院深深数阕，其声即旧《临江仙》也。
>
> 庭院深深深几许？云窗雾阁常扃。柳梢梅萼渐分明，春归秣陵树，人老建康城。
>
> 感月吟风多少事，如今老去无成。谁怜憔悴更雕零。试灯无意思，踏雪没心情。

世间之人，总是凡俗者居多，不是输了理性，便是短了才情，很少有人能够兼备众长。如果世间真的存在那么一些人，可以做到理性与才情兼具，易安定然可以算作其中的一个。易安一生不仅留下了大量的词作，还留下了一篇完整而系统的词学专论——《词论》。在这篇《词论》中，易安曾对晏殊、欧阳修、苏轼等人的词表达看法，她说道："至晏元献、欧阳永叔、苏子瞻，学际天人，作为小歌词，直如酌蠡水于大海，然皆句读不葺之诗尔，又往往不协音律者。"易安大抵认为，诗与词本就不同，这种不同不仅表现在形式上，还表现在内容上。才学辞章,本应该留给诗,只把那温柔旖旎留给词便好。而在这篇小序中,易安又分明说道:"欧阳公作《蝶恋花》,有深深深几许之句,予酷爱之。"不止于此,还身体力行,"用其语作庭院深深数阕,其声即旧《临江仙》也"。不只是"爱",而且是"酷爱";不只是填"一阕",而且是"数阕"。人们不禁要问,欧阳修的《蝶恋花》,何以具有这般魔力,竟让易安欣赏如斯?

"庭院深深深几许?杨柳堆烟,帘幕无重数。玉勒雕鞍游冶处,楼高不见章台路。雨横风狂三月暮。门掩黄昏,无计留春住。泪眼问花花不语,乱红飞过秋千去。"这便是那首令易安深深折服的《蝶恋花》了。玉勒雕鞍,停留在谁家庭院?雨横风狂,怎样地痛断肝肠。庭院深深,无非是寂寞的囚牢。温庭筠说,"百舌问花花不语";严恽说,"尽日问花花不语";而这思妇"泪眼问花",花也终究不曾回答。毛先舒在《古今词论》中曾这样评价这首小词:"永叔词云'泪眼问花花不语,乱红飞过秋千去',此可谓层深而浑成。何也?因花而有泪,此一层意也;因泪而问花,此一层意也;花竟不语,此一层意也;不但不语,且又乱落,飞过秋千,此一层意也。人愈伤心,花愈恼人,语愈浅而意愈入,又绝无刻画费力之迹,谓非层深而浑成耶?"或许,正是这寂寞的人与寂寞的心打动了易安，易安不过是借他人之酒杯，浇自己之块垒。

"庭院深深深几许？云窗雾阁常扃。"那楼阁掩映在云雾之间，是有着怎样的高度？尽日遥望，可曾能够望得到他的影踪？女人总是这样，仿佛她们生来不懂得死心。她们总是期待着，期待着那人归来，仿佛留住了他的人，也便留住了他的心。多么可笑，又多么可怜。无奈的只是，她们从来都浑然不觉。

"柳梢梅萼渐分明。春归秣陵树，人老建康城。"柳梢又泛起了绿意，梅萼也显露了芳姿，又是一年的春。"秣陵"、"建康"指的都是今天的江苏南京，也便是易安当时停留之地。历史上，它曾数易其名。昔年的楚威王认为这个地方有王者之气，便将黄金埋在地下，所以称之为"金陵"。后来，秦始皇又将此地改名为"秣陵"。三国时，孙权迁都于此，改名为"建业"。晋初，重又使用"秣陵"这一名称。后来，将秦淮河南称为"秣陵"，将秦淮河北称为"建邺"。建兴元年（公元 313 年），因避晋愍帝司马邺的名讳，而改名为"建康"。北宋时，这一地方称为"江宁"。南宋高宗建炎三年（1129 年）五月，又改名为"建康"。不过一个地名，却几经改易，从"秣陵"到"建康"，过了多少年，历了多少载，岁月又经了怎样的流转。春去了，春又归来，只是人老了，就再回不到往昔的时光。

"感月吟风多少事，如今老去无成。"当年，她也曾吟风弄月；当年，她也曾雪中赋诗。只是如今，年华似水，流过了她的生命，只空余这"老去无成"。自古"封侯觅相"都是男人的追求，易安何曾有过这样的思谋？可那分明是易安的言语，背后又有着怎样的凄楚和隐衷？

这"老去无成"，多像是在诉说她的丈夫。《续资治通鉴》中曾记载了赵明诚"缒城宵遁"一事：御营统制官王亦将在江宁发起叛乱，时任江东转运副使的李谟将这一消息告知了赵明诚，赵明诚却因自己将转任湖州而不予理睬。而当李谟平息了这场叛乱并前往赵明诚居所的时候，却发现赵明诚早已从城墙上缒绳逃跑。在易安的心中，这无疑是一大污点，以至于在《金石录后序》中只字未提。当满朝文武尽皆沉溺在北归的迷梦中时，却最终不得不承认不断南逃的事实。易安对这些人，从来只有深深的鄙夷。而如今，这弃城出逃之人竟然是她的丈夫。当这一切无比清晰地发生在她的眼前，易安怎能不为之气愤，怎能不为之憾恨，又怎能不慨叹她那丈夫"老去无成"！

这"老去无成"，又多像是在诉说她自己。此时的易安已届知天命之年，却不曾有过子嗣。洪适曾在《释隶》中说：

"赵君无嗣。"胡仔在《渔隐丛话》中也有"赵无嗣"的言语。在一个讲究"不孝有三，无后为大"的时代里，身处如此尴尬的境地，易安又怎能阻挡丈夫游冶他方？那是一个逝去了的时代的悲哀吗，还是那许多女人注定了的不幸？诗人们，把这不幸叫作"庄姜之悲"。

庄姜正是那《卫风·硕人》中的女子，她是齐国的公主，卫庄公的夫人。《左传》中曾有这样的记载："卫庄公娶于齐东宫得臣之妹，曰庄姜，美而无子，卫人所为赋《硕人》也。"在《卫风·硕人》中，卫人不吝惜那许多溢美之词："手如柔荑，肤如凝脂，领如蝤蛴，齿如瓠犀，螓首蛾眉，巧笑倩兮，美目盼兮。"清人姚际恒在《诗经通论》中这样评价这首诗："千古颂美人者，无出其右，是为绝唱。"而就算是美人如斯，也终究不能抵挡那无后的缺憾。《左传》中还说："又娶于陈，曰厉妫，生孝伯，早死。其娣戴妫生桓公，庄姜以为己子。"根据朱熹考证，《诗经》中的《燕燕》《终风》《柏舟》《绿衣》《日月》等篇章，都是出自庄姜之手。这样一个美貌与智慧俱佳的女子尚且受到丈夫的冷遇，只因为"无子"，易安当时的境遇如何，自然可以想见。

"试灯无意思，踏雪没心情。"太多的惆怅郁结在心间，使她不得喘息。试灯、踏雪，都再没了心情。

正月十五是元宵节,历来有赏灯的习俗,以祈求风调雨顺。正月十四日晚上要张灯预赏,称为"试灯"。可惜,佳节将至,她却没了情绪。踏雪,是踏雪寻梅,还是踏雪觅诗?只是如今,她都觉得了无心情。

她还会有那为人母的机会吗?如今,她早已年逾不惑,怕是再也不能了吧。

大概距离易安写作这首《临江仙》不过一二年的时间,明诚便溘然病逝了。"无子"竟成了他们生命中最大的遗憾。我从不认同人们说的"残缺才是美",我只知易安因"无子"失去了太多。

羌管悠悠，折肝肠

> 临江仙·梅·庭院深深几许
>
> 庭院深深几许？云窗雾阁春迟。为谁憔悴损芳姿。夜来清梦好，应是发南枝。
>
> 玉瘦檀轻无限恨，南楼羌管休吹。浓香吹尽又谁知。暖风迟日也，别到杏花肥。

易安曾在另一首同调词的小序中说："欧阳公作《蝶恋花》，有深深深几许之句，予酷爱之。用其语作庭院深深数阕，其声即旧《临江仙》也。"易安说得清楚明白，不只填了一阕《临江仙》，而是"数阕"。这些词有着相同的"庭院深深深几许"的句子，岂非也有相同的思绪在其中？宋代曾慥在其编选的《乐府雅词》中，却不曾收录这一首。黄墨谷在《重辑李清照集》中也说道："此词《花草粹编》作李词，《梅苑》作魏夫人词，其他宋代总集均未录，且词笔劣陋，半塘老人《漱玉词》注：此首亦似伪作，乃借前《临江仙》调模拟为之者。兹不录。""词笔劣陋"、"模拟为之",未尝不是托词,个中因由,大概只有王灼那一句"无所羞畏"最能诠释得清楚。易安素来崇尚词应"别是一家",在词中本就应该抒写旖旎情怀,又何尝需要羞畏那般矫揉造作?

题目处,题上一个"梅"字,是代那梅诉说哀怨,还是借那梅抛洒情怀?只是那梅的哀怨何尝不是她的凄苦,而她的情怀,梅又何尝不看得清清楚楚?

"庭院深深深几许,云窗雾阁春迟。"在另一首《临江仙》中,易安写道:"庭院深深深几许?云窗雾阁常扃。"同样的"庭院深深",同样的"云窗雾阁",锁住的哪里只是这孤独的梅,分明还有那寂寞的易安。清代况周颐在《〈漱玉词〉笺》中说:"玉梅词隐云《漱玉词》屡用叠字,'寻寻觅觅,冷冷清清,凄凄惨惨戚戚',最为奇创。又'庭院深深深几许',又'更挼残蕊,更捻馀香,更得些时',又'此情此恨,此际拟托行云,问东君',又'旧时天气旧时衣,只有情怀不似旧家时',叠法各异,每叠必佳,皆是天籁肆口而成,非作意为之也。欧阳文忠《蝶恋花》'庭院深深'一阕,柔情回肠,寄艳醉魄。非文忠不能作,非易安不许爱。""庭院深深深几许",虽是袭用了欧阳修的成句,但从易安的口中道出,却自有一番风味在。

"为谁憔悴损芳姿,夜来清梦好,应是发南枝。"她是为谁哭尽了眼泪,又是为谁萦损了柔肠?那曾经无比亲密的爱人,而今竟只有在梦中才看得清他的模样。温柔缱绻,悉数留在那美好的梦境里,午夜梦回,唯有唏嘘不已。她还是一个人,伴着寂寞,数着凄苦。那向南的枝头上,可曾已有了梅花一朵,慰藉她的孤独,消解她的忧愁?

"玉瘦檀轻无限恨,南楼羌管休吹。"那梅,不曾有丰腴的身姿,是结着怎样的哀愁?那梅,不曾有娇艳的模样,是怀着怎样的凄楚?

南楼上,是谁在吹奏那一曲哀怨的《梅花落》。

晁补之曾填过一阕小词,名为《万年欢》:"心忆春归,似佳人未来,香径无迹。雪里江梅,因甚早知消息。百卉芳心正寂。夜不寐、幽姿脉脉。图清晓、先作宫妆,似防人见偷得。真香媚情动魄。算当时寿阳,无此标格。应寄扬州,何郎旧曾相识。花似何郎鬓白。恐花笑、逢花羞摘。那堪羌管惊心,也随繁杏抛掷。"那花开烂漫的梅,可曾唤回词人青春年少的过往。一声羌管,惊断了对逝去时光的追索。那拾起的记忆,也唯有抛掷一旁。万年欢好,从来是离人无尽的期盼,却也从来不过只是期盼而已。

除去"庭院深深"那一首,欧阳修还有数首《蝶恋花》传世，在其中的一首中，他这样说道："帘幕风轻双语燕，午后醒来，柳絮飞撩乱。心事一春犹未见，红英落尽青苔院。百尺朱楼闲倚遍，薄雨浓云，抵死遮人面。羌管不须吹别怨，无肠更为新声断。"燕语声声，惊醒了她的清梦。柳絮飘飞，缭乱了她的思绪。遍倚栏杆，也终究望不见离人的影踪。落红遍地，又是一年春归去。那羌管不必再吹，她的肝肠早已断尽！

声声羌管，惊破了多少思妇的好梦，摧折尽多少离人的肝肠。

"浓香吹尽又谁知，暖风迟日也，别到杏花肥。""暖风迟日"，遥遥地与上阕的"春迟"相呼应。《豳风·七月》中说："春日迟迟，采蘩祁祁。"经过那漫长到似乎了无尽头的寒冬，人们是怎样期盼着春光的到来。那春光似是对人们的心思洞若观火，偏要吊足了人们的胃口，才肯姗姗而来。词人孙光宪曾作有一首《浣溪沙》："兰沐初休曲槛前，暖风迟日洗头天，湿云新敛未梳蝉。翠袂半将遮粉臆，宝钗长欲坠香肩，此时模样不禁怜。"暖风迟日里，那许多少女，舒展着她们的美丽，恣意着她们的欢欣。清人陈廷焯在《白雨斋词话》中这样评价道："不禁怜三字真乃娇绝，飞燕玉环，无此情态，真欲与丽娟并驱矣！"又说："情态可想，风流窈窕，我见犹怜。"依稀仿佛，易安也有过这样的欢快时刻，当时的她还处在那豆蔻梢头的年华。

而同样的"暖风迟日",在今日的易安眼中早已成了另一般模样。杜审言在一首名为《渡湘江》的小诗中,同样描写到"暖风迟日":"迟日园林悲昔游,今春花鸟作边愁。独怜京国人南窜,不似湘江水北流。"虽是有这般美好的光景,却也要有那萧散的心境。而此时的易安陷在苦闷与悲愁里,怎样的天气也换不回她的浅笑低吟。

那"暖风",那"迟日",或许不过都是为了那杏花的灿烂芬芳,哪管梅花是飘落还是凋零。梅花从来不懂得占尽春色,当那群芳盛放之际,它只品赏自己的孤独。它怎会去邀宠,那样只会短了气骨!

易安又何尝不是如此,丈夫游冶到了谁家庭院,谁又似那杏花般灿然开放。她的心中怎会没有半点介怀,只是她从来不曾言语。争来的,何尝是真正的爱情。只因她爱得那么纯粹,才有了这许多悲苦。

那羌管悠悠,吹散了梅的芬芳,吹断了她的肝肠,又有谁知晓,又有谁黯然神伤!

夜来沉醉，寂寞离忧无人诉

> **诉衷情·夜来沉醉卸妆迟**
> 夜来沉醉卸妆迟，梅萼插残枝。酒醒熏破春睡，梦远不成归。
> 人悄悄，月依依，翠帘垂。更挼残蕊，更捻馀香，更得些时。

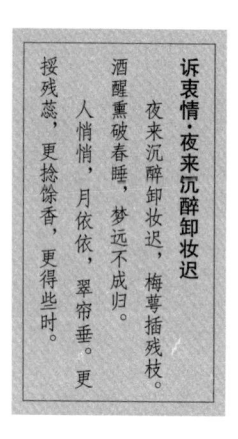

易安的这首词，应当也是作于寓居江宁之时。历史总是喜欢和人们开着玩笑。当时的赵明诚尽日游冶他方，哪里还顾得上多看易安一眼。可他终究不曾知晓，这竟是他们最后的时光。倘若能够有人预报这消息，倘若能够有人泄露这天机，他们最后的时光会更加温存、更加亲密吧，易安也会少受那许多的苦楚吧？只是所有都不过是"如果"。"如果"最是惹人悲伤，早已过去，再难回头。命运从来不过是一只华美的笼，而人是冲不出罗网的鸟。

《诉衷情》本为唐代教坊曲，由温庭筠创制，据说是取

《离骚》中"众不可说兮,孰云察余之中情"一语之意。后来,因毛文锡的同调词中有"桃花流水漾纵横"的句子,又名"桃花水";因贺铸的同调词中有"时误新声,翻试周郎"的句子,又名"试周郎"。算来,都不过是寂寞离忧。那衷情又向谁倾诉呢?不过一个词牌,就已经透露了易安的哀愁。

"夜来沉醉卸妆迟,梅萼插残枝。"她是怀着怎样的怨与怎样的悲,竟迟迟不肯卸下残妆,却原来,又是因为这"夜来沉醉"。多少次,她独自举起满斟的酒杯,品咂自己的孤独。多少次,她只有在沉醉后,才能忘记自己的凄苦。最是这酒,能够替她消忧。梅花妆残了,只留下几瓣梅花,点染面颊。据说,当年的寿阳公主最是喜爱这梅花妆,五代时期词人牛峤在《红蔷薇》中说道:"若缀寿阳公主额,六宫争肯学梅妆。"只是这梅花妆虽好,却再也唤不回那游冶他方的丈夫。

"酒醒熏破春睡,梦远不成归。"那梅花的清芳惊破了她的好梦一场,再也到不了那遥远的故乡。曾经的岁月多好,两个人依偎一处,两颗心贴在一起,哪里会料想到今日的分离。从来只知道,是那莺啼燕语惊破了梦境。金昌绪有一首《春怨》是这样说的:"打起黄莺儿,莫教枝上啼。啼时惊妾梦,不得到辽西。"却不料,花香也能将好梦惊醒,是因思绪太多而睡意太浅,还是因离愁太重而心思太沉?只是如今,他们身虽在咫尺之间，心却有天涯之远，只有在那醉乡里，她才看得清他的面影。

"人悄悄，月依依，翠帘垂。"帘幕低垂，人声寂寂，这孤独的小楼，何曾不是她的"长门宫"。只有那冷月一轮，数着她的哀苦，伴着她的孤独。"人悄悄，月依依"，依稀记得，当年的顾夐也有过这样的言语："绣鸳鸯帐暖，画孔雀屏欹。人悄悄，月明时。想昔年欢笑，恨今日分离。银釭背，铜漏永，阻佳期。 小炉烟细，虚阁帘垂。几多心事，暗地思惟。被娇娥牵役，魂梦如痴。金闺里，山枕上，始应知。"那首词叫作《献衷心》。献了一片衷心，诉了一段衷情，却不知你已是他的旧时情爱，他又怎会在意你的任何言语。

"更挼残蕊，更捻余香，更得些时。"他总是会回来的，只是还需要一些时光。而每当这样的时光里，她只有挼着残蕊，捻着余香。

"挼"有揉搓的意思。

朱敦儒曾填过一阕《减字木兰花》："挼花弄扇。碧斗遥山眉黛晚。白玉阑干。倚遍春风翠袖寒。难寻可见。何似一双青翅燕。人瘦春残。芳草连云日下山。"揉搓着花，摆弄着扇，看着那"碧斗遥山眉黛晚"，却原来不过是把那离人牵挂。倚遍阑干，也终究望不见他的踪影，最后只剩下瘦了的人和残了的春。

按尽了残蕊,他也不曾归来,只有再去捻那馀香。

贺铸在一首名为《芳草渡》的小词中写道:"留征辔,送离杯。羞泪下,捻青梅。低声问道几时回。秦筝雁促,此夜为谁排?君去也,远蓬莱。千里地,信音乖。相思成病底情怀?和烦恼,寻个便,送将来。"当留恋也留不住离人的脚步,她能做的不过是献上一盏离杯。只是太多的苦楚,也唯有自己承受。以后的多少日夜,她只有捻着这青梅,等着他归来。

从"按"到"捻",加深的哪里只是手中的力道,分明还有心中的焦灼。她把思念的苦楚,全部付与了等待的时光。等待早已成为她生命中的一部分,她也早已习以为常。只是那丈夫有着怎样的铁石心肠,竟忍教她承受这许多思念的痛苦与凄凉。你风光的时候,未见她有几多欣喜;你落难的光阴,她却与你屏居青州十载。苦,未尝不是苦的,只是她懂得苦中作乐。为何这许多过往,都不再被你的记忆收藏?

每当读到易安的这阕《诉衷情》,总是不由得想起当年庄姜的《柏舟》:

泛彼柏舟，亦泛其流。耿耿不寐，如有隐忧。微我无酒，以敖以游。

我心匪鉴，不可以茹。亦有兄弟，不可以据。薄言往愬，逢彼之怒。

我心匪石，不可转也。我心匪席，不可卷也。威仪棣棣，不可选也。

忧心悄悄，愠于群小。觏闵既多，受侮不少。静言思之，寤辟有摽。

日居月诸，胡迭而微？心之忧矣，如匪浣衣。静言思之，不能奋飞。

这首诗的诗旨为何，历来众说纷纭。朱熹认为，这首诗确是出自庄姜之手，还说道："此系妇人不得于夫而作。"而这"不得于夫"，又给了我们几多伤怀。却原来，世间的女子真的有着相似的宿命。只是不知，易安可曾也"忧心悄悄，愠于群小"，可曾也"觏闵既多，受侮不少"？

易安的悲苦太多，不堪细数。

秋已尽,萧萧叹凄凉

> **鹧鸪天·寒日萧萧上琐窗**
>
> 寒日萧萧上琐窗,梧桐应恨夜来霜。酒阑更喜团茶苦,梦断偏宜瑞脑香。
>
> 秋已尽,日犹长。仲宣怀远更凄凉。不如随分尊前醉,莫负东篱菊蕊黄。

这一首《鹧鸪天》应当是写于宋高宗建炎二年(1128年)的秋天。当满朝文武尽皆沉浸在北归的迷梦中时,赵明诚却日复一日继续纸醉金迷地蹉跎,这一切落在易安眼中,无不是痛,无不是泪。俞正己在《诗说隽永》中记载了易安此时所写的几篇残章,其中就有这样的几句,"南来尚怯吴江冷,北狩应悲易水寒"、"南渡衣冠少王导,北来消息欠刘琨"。这样的句子,但凡进入了时任江宁知府的赵明诚的耳中,又怎能不觉出几分刺耳来呢?或许也正因为此,他们才越加疏离。爱,还爱着,更多的却是对过往的回忆与追索。易安自己大概也是明白的,从前是再也回不去的过往，那人已改变得太多。易安在《金石录后序》中曾这样记载道："尝记崇宁间，有人持徐熙《牡丹图》求钱二十万。当时虽贵家子弟，求二十万钱岂易得耶？留信宿，计无所出而还之。夫妇相向惋怅者数日。"而现在的他，却总是思谋着将那许多身外物据为己有。此时的他，大概还没有演出那"缒城宵遁"的闹剧，而细微处又怎能不显露出那许多端倪？时间是一把无情的刻刀，总是会悄然改变一个人的模样，甚至改变一个人的真心。而易安与明诚的悲剧却在于，明诚不复是当年的他，易安却一如往昔。婕妤之叹、庄姜之悲、家庭离散、国将不存，一一敲打着易安脆弱的心肠。这注定是个不平静的秋天。

"寒日萧萧上琐窗"，"萧萧"原为象声词。在《诗经·小雅·车攻》中，有"萧萧马鸣"的句子；在《楚辞·九怀·蓄英》中，也曾说到"秋风兮萧萧"；而最著名的，大概莫过于《史记·刺客列传》中的那一句"风萧萧兮易水寒，壮士一去兮不复还"了。在此处，易安用这肃杀之音，来形容秋的萧索与落寞。"琐窗"是指那镂刻上许多纹饰的窗子。秋天的阳光自是不比夏天的那般灿烂明亮，不经意处总是透出几分凄凉。

"梧桐应恨夜来霜"，梧桐本就给人凄冷的感觉，更哪堪这清霜，平添上几分凄寒。恨，大概不只是梧桐的情感，也是此时易安心情的写照。说到梧桐，总是会想到李后主的《相见欢》："无言独上西楼，月如钩。寂寞梧桐深院锁清秋。剪不断，理还乱，是离愁。别是一番滋味在心头。"那梧桐深院，锁得住清秋，却未尝能锁住对故国的思念与追索。宋太祖开宝八年（公元 975 年），南唐覆灭，亡国之主李煜肉袒出降，被囚于汴京。宋太祖赵匡胤封其为"违命侯"，只因李煜曾守城相拒。历史总是将人玩弄于股掌，谁又曾料想，仅仅过了不到两百年的光阴，那南唐的悲剧竟悉数应验到北宋身上。昔年，当李煜悲那南唐的灭亡时，那院中陪伴他的是梧桐。今日，当易安悲那北宋的不复时，那院中陪伴她的竟还是梧桐。梧桐不语，却见证了人们的几多悲苦。

"酒阑更喜团茶苦，梦断偏宜瑞脑香。"团茶是指一种特制的名贵茶饼，欧阳修在《归田录》中曾这样记载道："茶之品，莫贵于龙凤，谓之团茶，凡八饼重一斤。"团茶再苦，又可曾苦得过此时的易安？梦断了，再找不见那当年的面容，只有那瑞脑香，依旧静静地燃着。酒阑、瑞脑，一切恍如昨天的光景。宿醉初醒，问一声海棠花在否，不经意地回首，却已是数年。那许多的光阴去向了何处？而今，她已是两鬓萧萧。

"秋已尽，日犹长。仲宣怀远更凄凉。"就连这秋也要到了尽头，却也还有那么悠长的日月，要一天天苦苦地挨过。"仲宣"，是王粲的字，他是山阳高平人，在曹丕的《典论·论文》中，曾有"山阳王粲仲宣"的句子，同一篇中，还说道"王粲长于辞赋"，而《登楼赋》则应该是最为著名的一篇。王粲十七岁时便因避战乱而投奔荆州牧刘表，却因其貌不扬、体弱多病而不被刘表重用。家国之思与怀才不遇交织在一起，便有了这篇《登楼赋》。易安曾在《满庭芳》中说："手种江梅渐好，又何必、临水登楼。"不去学那王粲临水登楼，大抵不只是因了"江梅渐好"，却也是因了当年始终不曾有那样多的愁苦，而如今经历了许多的痛苦与磨折，当年王粲的万千心绪才终于真正知晓。关于婕妤之叹、关于庄姜之悲、关于家、关于国，太多难解的忧愁团团将易安束缚。易安今日的苦，岂非胜过昔年的王粲许多。

"不如随分尊前醉，莫负东篱菊蕊黄。""东篱菊蕊黄"依旧是化用陶渊明《饮酒二十》其五中的句子："采菊东篱下，悠然见南山。"曾经，是那遥远到似乎不曾存在过的角落；曾经，最是回不去的地方。在那曾经里，她也自号"易安居士"；在那曾经里，她也把那屏居之所称作"归来堂"；在那曾经里，她也写下那样的诗句，"东篱把酒黄昏后，有暗香盈袖"。只是过了太久的时光，隔了太多的过往，如今早已不再有当年的心境了。她也想寻回那过往，寻回那过往里曾经无比真实的自己，她也想"随分尊前醉",只是醉了,总还是要醒,醉时有多畅快,醒后就有多落寞。原来,她一生的幸福早已用尽,只有在那对过往的追索里,才能品咂出些许的甜蜜。

沈曾植在《菌阁琐谈》中曾说:"易安倜傥有丈夫气,乃闺阁中苏、辛,非秦、柳也。"或许,如果她永远只做一个闺阁中的女子,会更加幸福,只是她不甘心,所以她注定一生凄苦。

第四辑 • 生命中无比凄冷的冬：凄惨晚年，物是人非

彼时的易安，在经历国破、家亡后，又经历了夫死、再嫁。繁华消尽，满目疮痍，凄凉苦楚的晚年，唯有怀念和悼亡的痛楚相陪伴，夜阑人静时，人如残菊，凄凄冷冷。此刻正是她生命中无比凄冷的冬。在寂寞的蹉跎中，美好的娇艳早已成明日黄花。

露寒人远，夜不思眠

> **菩萨蛮·归鸿声断残云碧**
> 归鸿声断残云碧。背窗雪落炉烟直。烛底凤钗明，钗头人胜轻。
> 角声催晓漏，曙色回牛斗。春意看花难，西风留旧寒。

这首词也是作于易安避难江宁期间。其实，人世间哪里有那许多的美好，不过都是被粉饰过的。人生难得的是糊涂，可悲的是清明。易安分明是昔日名噪京城的"词女"，也分明是今天风光无限的知府夫人，可她偏偏要扯掉表面这层"金玉"，露出现实的"败絮"与斑驳。只因骗得过旁人，也终究骗不过自己。她不是不爱这六朝金粉之地，只是不想以如此仓皇的方式到来。

初春了，鸿雁阵阵北归。谁说人是万物的灵长，此刻竟不如这碧天中的归鸿。那鸿雁，尚且可以恣意地向北飞去；而易安,那故乡却只有在梦中才能追索。嵇康曾有这样几句诗:"目送归鸿,手挥五弦。俯仰自得,游心太玄。"可惜,易安没有这般心境。此刻,她只是望着那碧色残云里的阵阵归鸿,直望到眼角生出了泪珠,直望到这泪珠也滴落。鸿雁,你可曾带去了她的消息,替她问候那片梦中的土地?

那阵阵鸿雁,不过跟随着物候的脚步南来北往,多情的人们却总是对它们寄望良多。晏几道在《思远人》中说:"红叶黄花秋意晚,千里念行客。飞云过尽,归鸿无信,何处寄书得?泪弹不尽当窗滴,就砚旋研墨。渐写到别来,此情深处,红笺为无色。"鸿雁误了归期,如何寄去她的思念?殊不知,"鸿雁传书"不过是人们多情的慰藉。可是不要责备这些人吧,他们的生命本就是诗,他们的世界本就无比多情。

窗外飘落着纷纷扬扬的雪,窗内燃起轻轻袅袅的烟。偏是那"直"字用得好,与王维那句"渡头余落日,墟里上孤烟"中的"上"字可媲美。那炉烟是直的,不曾被吹动,一切仿佛在这一刻静止了,一如易安此时的生命。从前的灵动,或许真的再也寻不见了,从此后只剩下生命无尽的蹉跎。

"烛底凤钗明,钗头人胜轻。"夜阑人静,却也是这般冷冷清清,只有那凤钗在烛光下闪烁着光辉点点,钗头的人胜也是那般轻巧。原来,这一天是"人日"。《荆楚岁时记》中是这样记载这个节日的："正月七日为人日。以七种菜为羹，剪彩为人，或镂金薄为人，以贴屏风，亦戴之头鬓。"这样的节日里，她却依然了无一丝乐趣，从前的她哪里会如此。人胜是在这人日所佩戴的饰物，大诗人李商隐在《人日即事》一诗中写道："镂金作胜传荆俗，翦彩为人起晋风。"他用诗笔为我们记录下这一风俗。

宋代无名氏在《撷芳词》中这样写道："风摇荡，雨濛茸。翠条柔弱花头重。春衫窄。香肌湿。记得年时，共伊曾摘。都如梦。何曾共。可怜孤似钗头凤。关山隔。晚云碧。燕儿来也，又无消息。"记得那一年，你为我摘下枝头上最先开放的春花一朵，而如今你又在何处栖迟，只剩下我和这寂寞的钗头凤。此时的易安何尝不是如此。不同的只是，她已怨了太多、恨了太久，到如今连怨恨的力气都已不再拥有。

东方朔在《占年书》中说："人日晴，所生之物蕃育；若逢阴雨，则有灾。"而这人日，却偏偏有那漫天飞雪，又会是怎样的预兆。

"角声催晓漏，曙色回牛斗。"角是古代的一种乐器，唐宋时期作行军之用。唐代段成式在《觱篥格》中这样记载道："革角，长五尺，形如竹筒，卤簿、军中皆用之，或竹木，或皮。"唐代诗人李贺在《雁门太守行》中曾有这样的句子：

"角声满天秋色里,塞上燕脂凝夜紫。"而这夜空中,缘何响起了凄凉的角声,是在催促着黎明到来吗,又或者是战事将起,就算是这被粉饰的太平也延续不了几日光景?如今的宋室偏安在这一隅,竟还要再退却吗,又是向何处藏身?北望故乡,尚且归思绵邈。而如今,这江宁也不再太平无事了吗?只有易安如此焦灼,只因太多的人充耳不闻。

更漏是古代的计时工具。韦庄曾在一首《浣溪沙》中写道:"夜夜相思更漏残,伤心明月凭阑干,想君思我锦衾寒。咫尺画堂深似海,忆来惟把旧书看,几时携手入长安?"只有那夜深而不眠的人,才听得到这更漏。而夜深不眠,定然是有别一般的愁绪满怀,听着这更漏,定然越发地搅乱肝肠。周邦彦曾填了一阕《蝶恋花》:"月皎惊乌栖不定,更漏将残,辘轳牵金井。唤起两眸清炯炯。泪花落枕红绵冷。执手霜风吹鬓影。去意徊徨,别语愁难听。楼上阑干横斗柄,露寒人远鸡相应。"更漏将残,夜色将尽,而她竟一夜不成眠,只因为"露寒人远"。而此刻,那落在耳中的阵阵哀角与声声更漏,又唤起易安怎样的凄寒?"曙色回牛斗",直到那天边重又泛起曙色,易安或者也是一夜不成眠吧?

"春意看花难,西风留旧寒。"本以为人日之后,那漫长到似乎了无尽头的冬天就将终结,却不曾料想,依旧是西风呼啸，依旧是寒气刺骨。这个春天大概很难看到那满城春色了吧？而就算这轻寒终究会过去，花也终将会盛开，彼时的宋室又将前往何方，又将逃向何处？苦难中的人们，原来都是无根的浮萍，任凭风雨把他们带到那不知名的角落，一切所谓的家园都不过是暂栖之所。在这人日里，易安不曾有笑语，也不曾有欢歌，只有漫长无尽的思索。

念旧往，故乡何处是

> **菩萨蛮·风柔日薄春犹早**
> 风柔日薄春犹早，夹衫乍著心情好。睡起觉微寒，梅花鬓上残。
> 故乡何处是，忘了除非醉。沉水卧时烧，香消酒未消。

这首小词，应当也是易安南渡之后，流寓江宁之时所创作的。全词一反以往伤怀的格调，乍一看去，不觉惊叹，是这《漱玉词》中的异响别音。

"风柔日薄春犹早，夹衫乍著心情好。"春光渐好，是怎样风和日丽的天气，换上春日的单衣，只觉得心情大好。"心情好"，这样的言语，在易安的词作中是许久未见的了。却也难怪，抛别故里，流寓他乡，任凭是谁，也会有许多悲叹吧。而究其流寓他乡的因由，更是令人黯然神伤。离开，从来由不得她去选择，从来都不过是被逼无奈的结果，只因那故乡早已变作了他人的国土，归去无望，易安又怎能不愁绪满怀？

伤心又有何用，失落也终究无益，人终究要学会解脱自己。

"睡起觉微寒，梅花鬓上残。"这早春还是有着些微凉意的，一觉醒来，竟觉出几分轻寒。几瓣梅花，散落在发鬓间，从来都是女子最好的装点。《太平御览》中曾记载有关寿阳公主的故事："宋武帝女寿阳公主人日卧于含章殿檐下，梅花落公主额上，成五出花，拂之不去。皇后留之，看得几时，经三日，洗之乃落。宫女奇其异，竞效之，今梅花妆是也。"曾经，她也有过那样烂漫的时光。记得当年，"卖花担上，买得一枝春欲放"，便要"云鬓斜簪，徒要教郎比并看"。只是如今，人还是当年的那个人，心境却早已不是当年的心境了。只是如今，她还是爱着那当年的郎君，而那郎君却再也不会终日陪伴她身旁。她怎能没有怨，又怎能没有恨？只是当怨与恨都没有了意义，她所能做的或许真的只有等待。等到他看遍了群芳，再回来寻这一朵寒梅；等到他厌倦了游冶他方，再回到这只属于他们的小楼。

"故乡何处是，忘了除非醉。"春回大地，那故乡又会是怎样的光景？易安苦苦追念着自己的故乡，可究竟何处才算是她的故乡呢？或许连她自己也不真正知晓。是那生养了她的明水，还是那合卺出嫁的京都，抑或是那屏居十年的青州？易安的一生，历经了太多的颠沛流离，思念是思念哪里，追索又是追索何方？他乡会否是故乡，她不知，只是故乡却早已翻作了他乡，只是故乡早已渺茫在了遥远的记忆里。

又或者说，易安是在追念一个地方，不如说，她是在追念一段时光。而那段时光，早已被埋葬在消逝了的过往里。如何寻觅那昔日的影踪，如何消解今日的离愁，或许只有醉了，才能沉浸在那梦似的情怀里，才能回到那曾经灿烂的生命中。

清代词评家况周颐在《〈漱玉词〉笺》中曾这样评价这首小词："俞仲茅云，赵忠简《满江红》'欲待忘忧除是酒'，与易安'忘了除非醉'意同。下句'奈酒行有尽愁无极'，微嫌说尽，岂如'沉水卧时烧，香消酒未消'，亦宕开，亦束住，何等蕴藉。易安自是专家，忠简不以词重云尔。"易安的才情，素来胜过那须眉许多。却不知，许多须眉何曾如易安一般经历过这许多的悲苦！再多的才情，不过是在那血泪中浸泡过的结果。

"沉水卧时烧，香消酒未消。""沉水"即是那"沉水香"，是一种名贵的香料。《太平御览》曾征引《南州异物志》中的记载道："沉水香出日南。欲取，当先斫坏树着地。积久，外皮朽烂。其心至坚者，置水则沉，名沉香。"满室的芬芳可曾馨香了她此刻的生命，可曾带她去到那难以追索的过往？

忘了吧，忘了那难以归去的故乡，忘了那难以追索的过往。没有人会责怪你薄情寡义，人们只是不忍再看你黯然神伤。

沉水香消，酒意却还在继续。或许正如那谪仙人所言，"钟鼓馔玉不足贵，但愿长醉不复醒。"为何饮这许多的酒，为何偏偏让自己沉醉，易安早已说得明白清楚，"故乡何处是，忘了除非醉"。只有在梦中，才能忘记自己已是亡国之人；只有在梦中，才能不去苦苦追念那故乡；只有在梦中，才相信他们真的曾经爱意绵长。

怀乡从来都是诗人吟咏不尽的话题。《古诗十九首》中有一篇《行行重行行》，其中有这样两句："胡马依北风，越鸟巢南枝。"顾况在《忆故园》中说："惆怅多山人复稀，杜鹃啼处泪沾衣。故园此去千馀里，春梦犹能夜夜归。"欧阳修在四十七首《渔家傲》的第一首中便说道："宋玉当时情不浅。成幽怨。乡关千里危肠断。"故乡永远是游子梦中的期盼，期盼之情无不哀，期盼之心无不切。但即便如此，又有几人能够有易安这般的苦楚呢，她所思念的，哪里仅仅是故乡，还是那段曾有过的岁月，和那岁月中无比亲密的爱人。如今，在这六朝金粉之地，她已越来越看不清楚丈夫的面影，他已越来越不复当年的情态。人们都在改变，包括她那曾经深爱的丈夫，都在不断地被世界所同化。只有易安，依旧有往昔清明的一颗心，依旧是正直的一个人。当她越来越无法接受触目所见的一切时，她只有逃避，逃避到曾经的岁月里。

去吧，去到那梦里，只有那里，才寻得到真正的自己。

蓦然回首,天人永隔

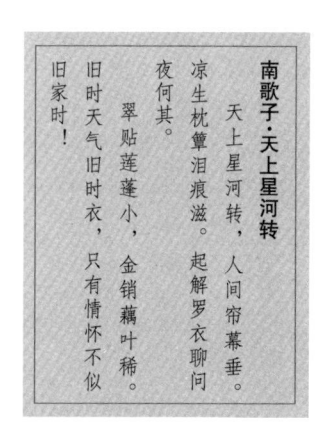

> **南歌子·天上星河转**
>
> 天上星河转,人间帘幕垂。凉生枕簟泪痕滋。起解罗衣聊问夜何其。
>
> 翠贴莲蓬小,金销藕叶稀。旧时天气旧时衣,只有情怀不似旧家时!

  这首《南歌子》大概写于宋高宗建炎三年(1129年)的深秋。彼时,赵明诚已然撒手人寰,易安从此孤身一人在这人世间。从建炎二年(1128年)赵明诚任江宁知府,到此时不过一年多光景,可个中曲折却着实一言难尽。易安的一生就是一段传奇,她所承受的不仅是常人难有的荣耀,也有那常人难有的悲苦。

  记得易安曾在《临江仙》中写道:"感月吟风多少事,如今老去无成。"所关涉的大概是赵明诚"缒城夜遁"的丑事。而在《金石录后序》中,易安则将那许多往事一笔带过:"建炎戊申秋九月,侯起复,知建康府。己酉春三月罢,具舟上芜湖,入姑孰,将卜居赣水上。夏五月,至池阳,被旨知湖州,过阙上殿。"对于赵明诚建炎三年二月罢守之事,竟然只字未提。不说,不代表默许。"南来尚怯吴江冷,北狩应悲易水寒",面对那满朝义武,易安尚且有如此讥讽之词,对她那丈夫,又岂能毫无芥蒂?不说,不过是维持着他的尊严,只因她至死都深爱着他;不说,她只把那鄙夷与愤恨深深地埋在心里,留给了自己。

建炎三年三月,易安与明诚离开了那六朝金粉之地,再一次飘零江湖。在途中,经过了和州乌江,也正是在这里,易安写作了那首流传千古的《乌江》:"生当作人杰,死亦为鬼雄。至今思项羽,不肯过江东。"字字铿锵,句句有力,只是不知,这样的句子落在那"缒城宵遁"的赵明诚耳中,会否有别一般滋味,另一种情怀。

建炎三年五月,当他们抵达池阳之时,又恰巧是圣旨下达之日。明诚再次踏上旅途,终点却也是生命的尽头。易安在《金石录后序》中这样记载了他们的分别:"六月十三日,始负担舍舟,坐岸上,葛衣岸巾,精神如虎,目光烂烂射人,望舟中告别。余意甚恶,呼曰:'如传闻城中缓急,奈何?'戟手遥应曰:'从众。必不得已,先去辎重,次衣被,次书册卷轴，次古器。独所谓宗器者，可自负抱，与身俱存亡，勿忘之！'遂驰马去。"谁料想，此刻"精神如虎，目光烂烂射人"的明诚，不过数月光景便化为了一抔黄土，或者那本就是生命最后的回光返照，只是此时此地的他们被命运玩弄在股掌中，怎会料想得到，这一别竟是永生永世的分隔。

如果不曾有奉召入湖州，他们本打算安家在赣江一带。但天不遂人愿，仅一个月的光景，易安便得到了明诚重病的消息。"遂解舟下，一日夜行三百里。"但即便如此，再见面，他也已是病入膏肓。建炎三年（1129 年）的八月十八日，赵明诚走完了他的一生。

在为悼念赵明诚而写作的《祭赵湖州文》中，易安写下了这样的句子："白日正中，叹庞翁之机捷。坚城自堕，怜杞妇之悲深。"谢伋在《四六谈尘》中这样评价道："妇人四六之工者。"这"工"哪里是因为技巧，不过是因为情深。

而这一阕《南歌子》也是为了怀念明诚，只觉得字字是血、声声是泪。那一桩桩一件件过往，从前以为早已消逝在远去的记忆里，蓦然回首，却发现它们依旧守候在那回忆的最深处。是情深，是意重，一世夫妻情，是真正的刻骨铭心。

"天上星河转，人间帘幕垂。"记忆中，易安曾填过一阕《行香子》，其中有这样几句："草际鸣蛩，惊落梧桐，正人间、天上愁浓。"彼时的她认为与新婚的丈夫分隔两地，已是人间最大的悲苦。却不知，人终究抵挡不过阴阳相隔的痛苦。天上的星光依旧灿烂如斯，人间那帘幕下却再也不会有他的陪伴。晏几道在一首《临江仙》中写道："梦后楼台高锁，酒醒帘幕低垂。去年春恨却来时，落花人独立，微雨燕双飞。"同样地，都是在这低垂的帘幕里，怀念心中的人；不同的是，一个相见有望，一个会面无期。或许，生命本就是一场为了分别的相聚。人世间从来不曾有那所谓的永恒，也正因为此，相遇与相知才弥足珍贵，教人愈加珍惜。

"凉生枕簟泪痕滋。起解罗衣聊问夜何其。"本以为看透了生死的轮回，便可淡然许多，却不料泪水还是不住地流淌，打湿了竹枕，也沾湿了脸庞，只觉得一片冰凉，直凉到了心底的最深处。解衣就寝，不经意间问道"是什么时辰了"，话已出口，才恍然发觉，原来这空荡荡的房间里只有孤单单的自己。从前，她也曾独自守着这孤凄的夜，独自留在这寂寞的屋里，只是彼时的她心中尚有那无尽的期待，还有一个人给她希望的光芒。而如今，那人与她已是天人永隔。那一句"夜何其"是出自《诗·小雅·庭燎》，原句为："夜如何其？夜未央。"那黑夜是到了怎样的时辰？那黑夜还远没有尽头。她又该怎样挨过以后的一个个漫漫长夜？长夜不曾穷尽，思念又岂能有穷尽的时候？

"翠贴莲蓬小，金销藕叶稀。"偶然看见那罗衣上，金线早已磨损，花纹也早已不复往昔的颜色。莲蓬显得那样小，藕叶显得那样疏，它们竟也知道了她的哀愁吗，竟也有着那般离忧吗？在民间的歌诗中，素来有谐音的传统，以其音的相近而用"莲"代表"怜"，用"藕"代替"偶"，易安自然知晓个中三昧。在《瑞鹧鸪》中，她也曾写下过"居士擘开真有意，要吟风味两家新"的句子。正是因为这浪漫的传统，易安看到罗衣上的莲与藕，才会抑制不住内心的酸楚。

"旧时天气旧时衣，只有情怀不似旧家时！"还是旧日的天气，还是旧日的罗衣，只是那人早已磨灭了当年的模样，也早已不复当年的情怀。从此后，她的生命里再无欢好，只有那无尽的悲音。

西风萧瑟,梧桐落

> **忆秦娥·临高阁**
> 临高阁,乱山平野烟光薄。烟光薄,栖鸦归后,暮天闻角。
> 断香残酒情怀恶,西风催衬梧桐落。梧桐落,又还秋色,又还寂寞。

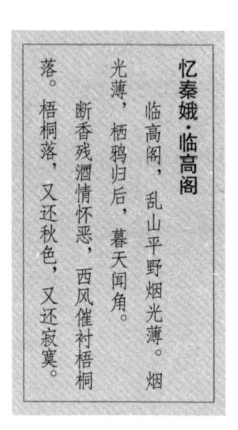

《忆秦娥》是一个古老的词牌,郑樵在《通志》中说,《忆秦娥》当为"百代词曲之祖"。这一词牌得名,据说是因为大诗人李白的一句"秦娥梦断秦楼月"。"秦娥"当然是那昔年的弄玉,而又是谁在怀念着她呢,莫不就是那乘龙归去的萧史?而此刻,易安所深深忆起的,定然是赵明诚无疑。

开篇处,易安便著以"临高阁"三字,她是怀着怎样的凄苦,又是怀着怎样的愁绪,登上这高阁的?杜甫曾作诗云:"花近高楼伤客心,万方多难此登临。"就算登上了高阁,满目萧索也不过徒增伤感,尽日遥望,又哪里望得到故乡的风景？而此时的易安，竟不比那昔年的老杜幸运丝毫。"乱山平野烟光薄"，那就是她入目所见的所有。错乱的群山，荒凉的原野，还有那缭绕的烟光，淡淡的黯然，浓浓的惆怅，紧紧地包裹住易安的肝肠。在伤心之人的眼中，何曾会有那烂漫的景象。乱的哪里只是这群山，分明还有易安那剪不断理还乱的思绪；荒凉的哪里只是这原野，分明还有易安那孤独寂寞的心。

"烟光薄，栖鸦归后，暮天闻角。"既是这缭绕的烟光缭乱了她的肝肠，又为何一而再地咏叹？是受了那古老的词牌的限制，还是易安不怕将那愁苦反复斟酌？苦、痛之于此刻的易安，还有什么可怕，还有什么可惧，她已经历了那么多，已走过了那么长的岁月。国破、家亡、夫死，还有什么悲伤是她不能承受的。只看见，那缭绕的烟光里，点点寒鸦飞过；听闻到，那暮色苍茫中，传来阵阵哀角。金人何曾停止过南进的脚步，尤其是在这秋高马肥之时。如若不是这金人的催逼，宋室怎会荒凉到如此地步；如若不是这金人的催逼，明诚怎会如此年轻便匆匆夭亡；如若不是这金人的催逼，易安又怎会沦落如斯，不知归向何处。此刻，那哀角再度响起，却原来金人的南侵没有止息，也永远不会止息。当家恨与国仇尽皆压在易安瘦弱的肩头上，这个乱世中飘零的女子，该有着怎样的凄苦。

"断香残酒情怀恶，西风催衬梧桐落。梧桐落，又还秋色，又还寂寞。"

依旧是这烧断了的香和未喝干的酒，尽日如此，生命有何滋味。从前，她在那痛苦愁绝中尽日等待着，等待着那游冶他方的丈夫回心转意，而如今，又有谁教她等待呢？或许，等待是那许多年寂寞与孤苦中唯一的期盼，无异于救命稻草。而如今，才是真正的无所依傍。原来，在这茫茫的人世间，她再也没有了可等、可盼、可怨、可恨的那个人。千般滋味，万种情愁，都化作了一句"情怀恶"。

西风萧瑟，催促着梧桐的飘落，吹彻了人间的荒凉。西风总是如此，痛断离人的肝肠。杜牧说："多少绿荷相倚恨，一时回首背西风。"晏几道说："莲开欲遍。一夜秋声转。残绿断红香片片。长是西风堪怨。"纳兰性德说："不恨天涯行役苦，只恨西风，吹梦成今古。"总是这西风，带给人们无尽思量。

王学初在《李清照集校注》中说："四印斋本《〈漱玉词〉补遗》题作'咏桐'。按《全芳备祖》各词，收入何门，即咏何物。惟陈景沂常多牵强附会。此词因内有'梧桐落'句，故收入梧桐门，实非咏桐词。"易安笔下，何曾没有那高逸的梅、那淡远的菊,只是易安抒写着它们,实际上却更多地是抒写自己。而这"梧桐"又岂能例外?

《大唐新语》中记载了这样一个故事:"安定公主初降王同皎,后降韦擢,又降崔铣。铣先卒,及公主薨,同皎子繇为附马,奏请与其父合葬,敕旨许之。给事中夏侯铦驳曰:'公主初昔降婚,梧桐半死;逮乎再醮,琴瑟两亡。'"梧桐落,从来不是祥瑞的征兆。

梧桐,从来是这般萧索的模样。

词人张辑曾写过一首《桂枝香》:"梧桐雨细。渐滴作秋声,被风惊碎。润逼衣篝,线袅蕙炉沈水。悠悠岁月天涯醉。一分秋、一分憔悴。紫箫吟断,素笺恨切,夜寒鸿起。又何苦、凄凉客里。负草堂春绿,竹溪空翠。落叶西风,吹老几番尘世。从前谙尽江湖味。听商歌、归兴千里。露侵宿酒,疏帘淡月,照人无寐。"秋天的悲凉,身世的苦楚,只有在这样一个细雨滴落梧桐的夜晚,才能释放得如此酣畅淋漓。西风吹落了片片梧桐,一并吹落的还有那逝去了便不再回头的华年。

晏殊也曾填过一阕《踏莎行》:"碧海无波,瑶台有路。思量便合双飞去。当时轻别意中人,山长水远知何处?绮席凝尘,香闺掩雾。红笺小字凭谁附?高楼目尽欲黄昏,梧桐叶上萧萧雨。"就算是山长水远,也终究会有那会面之日;就算是高楼目尽、天已黄昏，而黄昏之后又是新的黎明。经历过失去，才知道拥有的美好。有时候，人不过是太贪婪，总是拥有了才甘心，却不知，就算只是遥遥相望，也是另一种美好。而今日的易安，竟连遥望的机会都不再拥有了。

历来人们总是用梧桐寄托愁思一缕，而其中最著名的当属贺铸的《鹧鸪天》，可谓惨痛愁绝："重过阊门万事非，同来何事不同归？梧桐半死清霜后，头白鸳鸯失伴飞。原上草，露初晞。旧栖新垅两依依。空床卧听南窗雨，谁复挑灯夜补衣！"这一阕词又被称为《半死桐》。粗犷如贺铸者，也能有这般惨痛的情怀；细腻如李易安者，又会是怎样一种愁绝。

"梧桐落"仿佛说一遍不足以尽言那西风的凄紧，偏要说上两遍，才足见叶落得净尽、心伤得淋漓。

辛弃疾说："而今识尽愁滋味，欲说还休。欲说还休，却道天凉好个秋。"此时的易安何尝不是如此，太多的愁、太多的痛应从何处说起？就说说这秋吧，还是一如往昔的寂寞。

午夜梦回，何处停驻

> **渔家傲·记梦·天接云涛连晓雾**
> 天接云涛连晓雾，星河欲转千帆舞。仿佛梦魂归帝所。闻天语，殷勤问我归何处？
> 我报路长嗟日暮，学诗谩有惊人句。九万里风鹏正举。风休住，蓬舟吹取三山去！

宋高宗建炎三年（1129年）闰八月，易安料理毕明诚的后事，乱世之中，大概身后事也只能草草。此时的易安，所面对的是愈加紧张的时局。当时，赵明诚的妹婿李擢任兵部侍郎一职，护卫高宗的伯母隆裕太后。易安遣人日夜兼程将大宗金石文物运往当时李擢所在的洪州。不料，当洪州动荡的消息传来时，李擢父子早已望风而逃。而当洪州终于陷落，这许多的金石文物也尽皆化作缥缈的云烟。

或许世事从来如此，正如冯梦龙所言，"屋漏偏逢连夜雨，船迟又遇打头风"。正当易安为那许多文物洒泪之时，竟不曾料想，前方还有更险恶的阴谋。此时世间正流传着"玉壶颁金"的毁谤之言。原来，在赵明诚病危之时，一个叫作张飞卿学士的人，携一把玉壶来让赵明诚观瞧。说是玉壶，却只是石制的而已。而这玉壶，明诚也不过只看了一眼而已。时人不明就里，以讹传讹说是明诚夫妇将这玉壶留下，并转而投献给了金人。重要的哪是一把玉壶，而是这关涉卖国通敌的大罪过。

此时，明诚已然撒手人寰。有时候，或许死亡真的是一种解脱。易安为了涮洗那"玉壶颁金"的诬蔑之词，决意将倾毕生之心力收藏的金石古玩悉数献与朝廷。而此时的宋高宗却为避战乱而一路南逃，他一路逃，易安便一路追。是执着吗？或许是吧，又或许是心中郁结的不平太多。谁也不会明白，那金石古玩对于他和明诚意味着什么。他们终了一生都不曾有子嗣，那些金石古玩就是他们毕生心血的结晶，是他们曾经爱过的证明。将它们悉数进献，易安哪里肯轻易割舍，只是如果这样能够讨回清白，她也心甘情愿。

在《金石录后序》中，易安记载下当时的真实情形："先侯疾亟时，有张飞卿学士，携玉壶过视侯，便携去，其实珉也。不知何人传道，遂妄言有颁金之语，或传亦有密论列者。余大惶怖，不敢言，亦不敢遂已，尽将家中所有铜器等物，欲赴外廷投进。到越,已移幸四明。不敢留家中,并写本书寄剡。后官军收叛卒取去,闻尽入故李将军家。"

她不曾歇斯底里,因她知多说无益。

她追随着高宗的脚步,一路上经过了越州、明州、台州,当她终于到达了温州,却得到高宗离开的消息。这首《渔家傲·记梦》便是易安面对温州的辽阔江天所发出的感慨。她还要继续这追索吗?前路迷茫,她寻不见答案。

"天接云涛连晓雾,星河欲转千帆舞。"晓雾连天,云涛翻滚,星河腾挪,千帆竞发。或许,正是那疾驰的风帆,将她带入那天帝的居所。

"仿佛梦魂归帝所。闻天语,殷勤问我归何处?"梦里,依稀寻见了明诚的影踪,他可是已经魂归帝所,仿佛是天外传来了一声问询,她又将去向何处?爱人,等我,等我继续千万里把你追寻,这一世太短,我们却错过太多。

梦虽好,却终究要醒来,回到这漫长无尽的现实里。

"我报路长嗟日暮",此处易安化用了《离骚》中的句子:"欲少留此灵琐兮,日忽忽其将暮。吾令羲和弭节兮,望崦嵫而勿迫。路漫漫其修远兮,吾将上下而求索。"路途何其遥远,而天色却已黄昏,高宗去向了何处,她不知,但她定要将他追寻,只为了献上那许多金石玩物,只为了还他二人一世清白。

"学诗谩有惊人句"，当是化用了杜甫《江上值水如海势聊短述》中的句子："为人性僻耽佳句，语不惊人死不休。"事实上，也确实如此。"南来尚怯吴江冷，北狩应悲易水寒"，"南渡衣冠少王导，北来消息欠刘琨"，许多句子，就算是须眉大概也不敢吟出，但易安偏偏就敢。只因她再也无所畏惧，国破、家亡、夫死、无子，茫茫天地间，从此她将向何处停驻？这一生历经了多少风雨，这一生何处才算是尽头？

"九万里风鹏正举。风休住，蓬舟吹取三山去！""九万里风鹏正举"，化用了《庄子·逍遥游》中的典故："鹏之徙于南冥也，水击三千里，抟扶摇而上者九万里。"司马迁在《史记·封禅书》中记载道，渤海有蓬莱、方丈、瀛洲三神山。但此处，易安所说的"三山"却是指那别称"三山"的福州。

高宗去了南方，她也要追到南方。只盼着那风不要停，不要止才好，将这一叶扁舟，吹向那遥远的三山。

清代黄蓼园在《蓼园词选》中评价这首小词："此似不甚经意之作，却浑成大雅，无一毫钗粉气，自是北宋风格。"梁启超也曾给它这样的赞誉："此绝似苏辛派，不类《漱玉词》中语。"易安自是有那股豪放的气度，人们只知苏辛才是豪放词的正宗，却不知就算豪放如辛弃疾者，也曾"效李易安体"。

她只是一个女子，却敢独自走过那千万里的路途，有着众多须眉也不曾拥有的气骨；但她始终只是一个女子，午夜梦回，心中难免会有一丝萧索、几分愁浓。正如此刻，面对这浩渺的江天，她竟不知该向何处停驻。

花残春尽催华年

> **好事近·风定落花深**
>
> 风定落花深,帘外拥红堆雪。
> 长记海棠开后,正伤春时节。
>
> 酒阑歌罢玉尊空,青缸暗明灭。
> 魂梦不堪幽怨,更一声啼鴂。

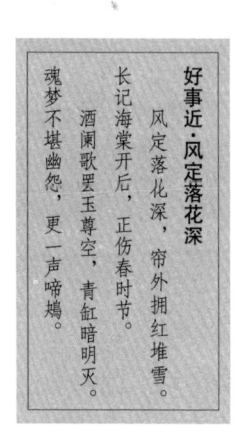

这首《好事近》大概也是作于建炎四年(1130 年)的春天,那是明诚故去后的第一个春天,只剩易安一个人,在这人世间迎接那花开与花落。

"风定落花深,帘外拥红堆雪。"当那狂风终于不再恣意地吹,凋残的花瓣也早已落了满园。那红红白白的一簇一丛,是何等清楚明白,花残了,春尽了。花开时有着怎样的芬芳,花落时就有着怎样的惆怅。花开花落,从不由得人的悲喜。多想将那落花挽留,一如挽留那将逝的华年。

"长记海棠开后,正伤春时节。"透过那翩飞的花瓣,她仿佛看见了当年的自己。许多年前,她还是一个不谙世事的少女,看着那经风历雨的海棠,吟咏出"绿肥红瘦"的诗篇。彼时的她,可曾料想这一生会经历这许多悲苦;彼时的她,只把青春将逝当作最大的痛楚。几十个寒暑就这样悄然逝去,她甚至不曾感受到时光的流逝,依稀间,一切都仿佛只发生在昨天。宿醉初醒,想着那一树海棠,娇慵地问上一句"海棠花在否",就算是"绿肥红瘦",终于免不了这海棠的飘落,心中不能说了无凄苦,却也只是淡淡的哀愁,何曾有那般惨痛愁绝。同样地,是为这残春而伤怀,为这落花而悲哀;不同地,却是那人已老了几十年。

"酒阑歌罢玉尊空,青缸暗明灭。"酒杯尽了,歌舞也已消歇,只剩下青灯一点,忽明忽灭。"酒阑歌罢"是出自毛文锡的《恋情深》:"酒阑歌罢两沉沉,一笑动君心。"可惜的是,那"君"早已是另一个世界的人,而她再无心去绽露欢颜。明诚故去了,她的世界从此黯淡了下来。那些过往悉数留在了曾经,偶一回头,竟有恍如隔世之感。从前的她真的那般快乐吗,那为何,如今只写满了忧愁?

"缸"又作"釭",是灯的别称。

诗仙李白曾写过一首《夜坐吟》:"冬夜夜寒觉夜长,沉吟久坐坐北堂。冰合井泉月入闺,金缸青凝照悲啼。金缸灭,啼转多。掩妾泪,听君歌。歌有声,妾有情。情声合,两无违。一语不入意,从君万曲梁尘飞。"燃起那金釭,照见女子悲泣的面庞;熄灭那金釭,女子反而啼哭得更甚。原来,不过是寄望两人情投意合。

词人晏几道曾创作过一首《鹧鸪天》,其中便写到了"银釭":"彩袖殷勤捧玉钟,当年拚却醉颜红。舞低杨柳楼心月,歌尽桃花扇影风。从别后,忆相逢,几回魂梦与君同?今宵剩把银釭照,犹恐相逢是梦中。"自从那次分别,多少次相见,无奈只是在梦中,梦醒后,只剩下一片悲凉。这一次定要点上那银釭,照见你的模样,才知道不再是梦中的相逢。

此刻的易安竟连那青灯一点也不再需要,只因那人早已不在身旁。

"魂梦不堪幽怨,更一声啼鴂。"唐代词人韦庄在《应天长》中写道:"碧天云,无定处,空有梦魂来去。"五代词人张泌在《河传》中写道:"梦魂悄断烟波里,心如梦如醉,相见何处是。"思妇从来如此,只有在魂梦中追索那离人的踪迹,醒来却不见那离人,徒然只有一阵唏嘘。

"幽怨",印象中易安不曾直白地道出这两个伤感的字眼,虽然她笔下的字字句句诉说的无不是这"幽怨"的情怀。是再没了心思去敷衍吗,姑且道尽了肝肠,又何妨?"欲知幽怨多，春闺深且暮。"而此时的易安，不正身处那"深且暮"的"春闺"？只是，再多的幽怨又能向何人诉说，竟是魂梦中也不能发出这幽怨，只因午夜梦回，那幽怨的苦涩依旧只得留给自己品咂。

鹈鴂是一种鸟的名字，又可以写作"鹈鹕"或"鶗鴂"，最早见于屈原的《离骚》："恐鹈鴂之先鸣兮，使夫百草为之不芳。"鹈鴂是催春之鸟，当它们次第鸣叫，百花便已飘零，却原来是这鹈鴂终结了残春。有人说，这鹈鴂便是杜鹃。辛弃疾在一首《贺新郎》中这样写道："绿树听鹈鴂，更那堪、鹧鸪声住，杜鹃声切。"辛弃疾自己作注道："鹈鴂、杜鹃实两物。"虽则不同，却也一样报告着春尽的消息。那声声鹈鴂，究竟是催促这残春，还是催促那华年。在这风吹落花满地的时节，在这青灯幽暗摇曳的夜里，那一声啼鴂是何等的凄厉，痛断了肝肠吗，却不知易安的肝肠早已寸断。

生命或者本就是无情的吊诡，正如此刻易安所填的这阕词一般，"好事近"。殊不知，易安的所有欢乐，早已悉数埋葬在昨日的时光里，从此后，她的生命里只剩下无尽的悲苦。

那一声声的啼鴂，催尽了残春，催尽了她的华年。

乱世飘零终明了，滋味几何

> **摊破浣溪沙·病起萧萧两鬓华**
> 病起萧萧两鬓华，卧看残月上窗纱。豆蔻连梢煎熟水，莫分茶。
> 枕上诗书闲处好，门前风景雨来佳。终日向人多酝藉，木犀花。

　　建炎三年（1129年）八月十八日，赵明诚走完了他的一生。死去的人或者真能得到解脱，无奈活着的人还要苦苦挣扎。明诚逝去未久，易安便遭遇了"玉壶颁金"的诋毁。为了证明自己的清白，易安辗转千万里，只为追赶那南逃的高宗，欲将金石古玩悉数献与朝廷。而到了她卜居会稽钟氏宅之时，昔年的文物已是所剩无几。谁曾料想，这卧榻之下的许多珍藏，又被邻人悉数盗走呢？

　　大概是在建炎三年的闰八月，易安独自料理毕明诚的后事。从明诚故去之日起，这许多日子里，生命犹如一张拉满的弓，由不得她喘息丝毫。而当一切终于尘埃落定，那许多种情感才洪水般袭来。对丈夫逝去的悲恸，对"玉壶颁金"的畏葸，对往昔岁月的追念，对未来路途的迷茫，当那许多种情感交杂在了一处，易安竟大病不起。在《投内翰綦公崇礼启》中，她这样说道："近因疾病，欲至膏肓，牛蚁不分，灰钉已具。"病中的易安写下了一首《春残》："春残何事苦思乡，病里梳头恨发长。梁燕语多终日在，蔷薇风细一帘香。"易安的心境，大概终归是凄苦和彷徨。

而此时，正当易安缠绵病榻之际，出现了一个"驵侩之下才"，他便是易安的第二任丈夫张汝舟。早在易安寓居安徽池阳之时，那张汝舟便觊觎着赵家的许多金石古玩。易安病中，他极尽照料之能事，但当易安的病情稍为好转，他便显露出了本来的模样。他辱骂她、殴打她，他的目的大概只有一个，便是让她交出那许多金石文物。心碎了，她本就知道，在这苍茫的人世间，不会再有一个人真心待她，只是病中的凄苦夺走了她的理智，她最终还是抵不住寂寞的折磨。

只是易安从不是等闲女子，新婚不久，她便告发张汝舟谎报参加科举考试的次数以骗取官职的罪行，张汝舟最终被量刑定罪。但依照当时的律令，妻子告发丈夫，同样需要入狱服刑。易安不是不知，只是就算赔上这些时光，她也不想与他再生瓜葛。那是她犯下的错，注定要付出许多代价。

易安入狱九日便出狱，得到了昔日赵明诚的姑表兄綦崇礼的搭救，免受了许多牢狱之苦。时人对易安有诸多讥讽之词，胡仔在《苕溪渔隐丛话》中说："易安再适张汝舟，未几反目。"王灼在《碧鸡漫志》中也有这般言语："再嫁某氏，讼而离之，晚节流荡无归。"陈振孙在《直斋书录解题》更是直言道："晚岁颇失节。"昔日那许多亲友，竟也看不懂易安的真心。他们的责备、冷对，易安看在眼里，却再不放在心上，只因毫无意义。这一生，只要懂得的人真正懂得便好。她早已年华渐老，哪里有那许多心思去曲意逢迎。

翻尽了易安的所有作品，都不曾看见那张汝舟的身影。他不过是她生命中一个并不美丽的错误，多说无益。她会怨恨他吗？不，她会忘记他，只因从来不曾真正在意。

这首《摊破浣溪沙》应是作于此次大病初愈之时，或许正因了众亲友的回避，竟显出一种莫名的萧索。但就算世人对她只剩下无尽的责备，她还是不后悔自己的选择，从来她只听自己内心深处的声音。

"病起萧萧两鬓华，卧看残月上窗纱。"病榻缠绵得久了，鬓间已有了萧萧白发。罗隐曾在一首名为《新月》的小诗中说："禁鼓初闻第一敲，卧看新月出林梢。"此时的易安却没有这般心境，她不过是病中没有那许多力气罢了。虽没有那般幸运，得以看到"新月出林梢"，但卧看那天际的一弯残月，竟也有着别样的怀抱。

"豆蔻连梢煎熟水，莫分茶。""豆蔻连梢"一语出自张良臣的《西江月》："蛮江豆蔻影连梢。"关于"熟水"的记载，见于陈元靓的《事林广记》："夏月凡造熟水，先倾百盏滚汤在瓶器内，然后将所用之物投入。密封瓶口，则香倍矣。"《百草正义》则说："白豆蔻气味皆极浓厚，咀嚼久之，又有一种清澈冷冽之气，隐隐然沁入心脾。则先升后降，所以又能下气。"缠绵病榻之时，自然短不了服用那许多药材，嘴里尽是微苦的味道，哪里还有那分茶的雅兴。"分茶"最是高雅的游戏，杨万里在一首名为《澹庵坐上观显上人分茶》的诗中说道："分茶何似煎茶好，煎茶不似分茶巧。"而此时的易安，哪里有这样的情怀。又或者，竟是那亲友始终不能理解她的隐衷与苦楚，始终不曾把她理睬，茶虽好，又分与何人呢？

"枕上诗书闲处好，门前风景雨来佳。"缠绵病榻，闲翻诗书，却也有着一种滋味。人们素来不喜雨天，仿佛总与那离愁相连，却不知，雨后的世界倒别有一番清明，一如此刻那门前的风景。

"终日向人多酝藉，木犀花。""木犀花"是桂花的学名，记得许多年前，易安曾写过一篇《鹧鸪天》，其中便有"自是花中第一枝"的句子，所吟咏的自然是这桂花无疑。"酝藉"出自《汉书·薛广德传》："广德为人，温雅有酝藉。"易安曾在一首《玉楼春》中吟咏梅花道："不知酝藉几多香，但见包藏无限意。"而这桂花也有这样的风韵吗，也有那温柔儒雅的气息吗？对花，易安从来不吝惜那溢美之词，只因她爱花爱得深切，只因说花也正是说她自己。易安何曾不是这乱世中飘零的花朵，令人垂怜。

风雨中，她挨过了多少孤独与凄苦，而今只是欣赏着自己的孤独。她终于看破，他们只是存在于不同的时空中，纵使会面无期，也难以割舍相思。这一生，他们终究不曾错付，而那就是至大的欣喜。

原来，看破了这一生，便可以活得从容潇洒。只是，待到将那一生都看破，还剩下滋味几何？

丁香千结也无情

> **摊破浣溪沙·揉破黄金万点轻**
> 揉破黄金万点轻,剪成碧玉叶层层。风度精神如彦辅,太鲜明。
> 梅蕊重重何俗甚,丁香千结苦粗生。熏透愁人千里梦,却无情。

宋高宗绍兴二年(1132年)正月,高宗逃难至临安,易安随后亦赶赴临安。而这一首《摊破浣溪沙》,大概即是写于这一年。提起"临安",总是会想起陆游的那首《临安春雨初霁》:"世味年来薄似纱,谁令骑马客京华?小楼一夜听春雨,深巷明朝卖杏花。矮纸斜行闲作草,晴窗细乳戏分茶。素衣莫起风尘叹,犹及清明可到家。"寓流离之悲于欢欣之词,大概正是这首诗与这阕词的相同之点。

"揉破黄金万点轻,剪成碧玉叶层层。"揉碎了黄金,散作那金桂的万点花瓣;剪碎了碧玉,当成那金桂的层层枝叶。

那桂花，总是寂寞地开在深涧，总是孤独地开在岩底，如何竟有这般芳华，值得造物主如此大费周章。

而这金桂，哪里只是有这般芳姿，它还分明有那芳魂一缕。"终日向人多酝藉，木犀花。"这是易安给它的赞誉。"风度精神如彦辅，太鲜明。"易安分明告诉了我们答案，这金桂确乎有着乐彦辅的风度。彦辅是乐广的字，《晋书·乐广传》中这样记载了他的品行："性冲约，有远识。寡嗜欲，与物无竞。广与王衍俱宅心事外，名重于时。故天下言风流者，谓王、乐为称首焉。"非但如此，易安偏著以"太鲜明"三字，仿佛那金桂的高洁与雅致，分明应当是人所共知的事实。

"丁香千结苦粗生"，"丁香千结"当是出自毛文锡的一首名为《更漏子》的小词："偏怨别，是芳节，庭下丁香千结。""苦粗生"一语，张相在《诗词曲语辞汇释》中曾这样解释道："苦粗生，犹云太粗生，亦甚辞。"丁香因其花苞结而不绽，多情的诗人总是认为，那结而不绽的是丁香的愁怨。唐代李商隐在《代赠》诗中说："楼上黄昏欲望休，玉梯横绝月中钩。芭蕉不展丁香结，同向春风各自愁。"唐代牛峤在《感恩多》词中也说道："自从南浦别，愁见丁香结。"丁香素来被看作愁怨的象征。

写丁香，却是为了从反面去凸显那金桂。是用丁香的粗俗，去衬托金桂的高雅；是用丁香的小气，去衬托金桂的大度。

写梅，是为了从正面去衬托那金桂，那梅已是有了那一般容貌与那一般品格，却还是在这金桂面前显得"何俗甚"。其实，易安早就有过那一番言语，不过我们先入为主地觉得梅才是她的至爱之物，故而不曾怀疑。在那阕吟咏桂花的《鹧鸪天》里，易安分明道出了"梅定妒"三字，原来在易安心里，那梅始终比不上这金桂。所以她会说那梅"此花不与群花比"，却只会说这金桂"自是花中第一流"。她不会慨叹梅的遭际，却只会因金桂而不平："骚人可煞无情思，何事当年不见收。"

写的是花，说的又未尝不是人。

"熏透愁人千里梦，却无情。"那金桂有着怎样的芬芳，竟能将愁人的梦境熏破。好梦已断，自然愁绪满怀，当再次合上了双眸，却是如何也回不到那特定的时空里，那金桂是何等的无情，于此可见其一。

宋高宗建炎四年（1130 年）九月，金人立宋朝叛臣刘豫为齐帝，正式建立了伪齐政权。李易安写作了一首《咏史》诗，极尽讽刺挖苦，诗中这样写道："两汉本继绍，新室如赘疣。所以嵇中散，至死薄殷周。"满朝尽欢，这金桂的花香，莫不惊醒了满朝文武的纸醉金迷。那金桂是何等的无情，于此可见其二。

那花的世界里，分明有着别一种天地。

怎一个，愁字了得

> **声声慢·寻寻觅觅**
>
> 寻寻觅觅，冷冷清清，凄凄惨惨戚戚。乍暖还寒时候，最难将息。三杯两盏淡酒，怎敌他晓来风急？雁过也，正伤心，却是旧时相识。
>
> 满地黄花堆积，憔悴损，如今有谁堪摘？守着窗儿，独自怎生得黑！梧桐更兼细雨，到黄昏、点点滴滴。这次第，怎一个愁字了得！

这阕小词应当是易安所有作品中最为脍炙人口的一首。多少人是因了那"寻寻觅觅，冷冷清清，凄凄惨惨戚戚"的句子，而知晓了李易安其人。彼时的易安，经历了国破、家亡，经历了夫死、再嫁，当她站在时间的节点上，面对曾经的许多繁华与过往的若干悲苦，心中不由得泛起阵阵酸楚。只是，生活还在继续，虽然再多的日月，也终究不过是寂寞和蹉跎。

"寻寻觅觅，冷冷清清，凄凄惨惨戚戚。"古往今来，多少人品咂着这十四个字的精妙绝伦。宋代罗大经在《鹤林玉露》中说："近时李易安词云：'寻寻觅觅，冷冷清清，凄凄惨惨戚戚。'起头连叠七字。以一妇人,乃能创意出奇如此。"

寻寻觅觅,在那寂寞的屋。她是忘记了吗?此时此刻,明诚早已去到了另一个世界里,自然寻不到他的半点踪迹。冷冷清清,那凄凉,哪里只是屋子的温度,那冰冷,却着实从内心的最深处发出。凄凄惨惨戚戚,她可是在悲悼着自己,又或者,再多的凄苦愁绝也无法概括此时易安的处境。痛苦,只有经历过的人,才能真正明白清楚。

韩偓在一首名为《丙寅二月二十二日抚州如归馆雨中有怀诸朝客》的诗中,有这样几句:"凄凄恻恻又微嚬。欲话羁愁忆故人。薄酒旋醒寒彻夜,好花虚谢雨藏春。"易安这十四个字,未尝没有对这几句诗的隐括。只是,如果不是经历过一番酸楚,必然写不出那样的隐衷。

"乍暖还寒时候,最难将息。"张先在《青门引》中曾说:"乍暖还轻冷,风雨晚来方定。庭轩寂寞近清明,残花中酒,又是去年病。楼头画角风吹醒,入夜重门静。那堪更被明月,隔墙送过秋千影。"那"乍暖还寒"的句子,也未尝不是脱胎于张先"乍暖还轻寒"一语。这样乍寒乍暖的天气,最是难能休养调息,也最是让她无所适从。又或者,是心中郁结了太多的愁苦,天气成了她此刻宣泄最好的理由。

"三杯两盏淡酒,怎敌他晓来风急?"满饮那三杯两盏淡酒，可曾真的能够赶走这无尽的凄寒，只是连她自己也清楚，纵使赶得走这屋中的凄冷，也终究赶不走心中的冰凉。易安最是那爱酒之人，多少次，她对着那金樽浅斟、慢饮，是在品咂自己的孤苦，还是体味自己的愁浓。只是如今，再多的酒竟也抵挡不了这清晨的凄寒。"晓来风急"，从前好多版本中又作"晚来风急"，殊不知，清早便这般微凉，才是真正的寂寞愁浓，才能真正地痛彻心扉。那孤苦和寂寞竟然萦绕终日、不绝如缕。

"雁过也，正伤心，却是旧时相识。"赵嘏在《寒塘》诗中说："乡心正无限，一雁度南楼。"曾经，她也尽日把那鸿雁盼望，只因它们能够带来离人的消息。而今，那离人早已去到了另一个世界，哪里还能带回半点音信、只言片语？看着这鸿雁，也不过徒增伤悲。朱敦儒在宋室南渡以后，曾写过这样的诗句："年年看塞雁，一十四番回。"或许，最是能解易安的肝肠。戴叔伦在《相思曲》中说："鱼沈雁杳天涯路，始信人间别离苦。"殊不知，那别离却也分好多种，如果只是分隔两地，终究有重逢的可能，又哪里谈得上凄苦？最怕的是天上人间的别离，只因穷其一生的等待。

"满地黄花堆积，憔悴损，如今有谁堪摘？"那满地的黄花早已憔悴了芳华，还有谁去怜惜它们的败落，还有谁去摘下那丛中的一朵。易安最是那爱菊之人,多少次,她在一阕阕词中追慕陶潜的风姿。在《醉花阴》中,她写道:"东篱把酒黄昏后,有暗香盈袖。"在《多丽·咏白菊》中,她写道:"细看取、屈平陶令,风韵正相宜。"只是如今,易安也已了无兴致。是没有了陶潜的潇洒吗,是没有了"易安"的情怀吗?易安从来如此,总是能从那花中看到自己的影子。如今的她岂不正酷肖这开残了的菊,早已是风前残烛。

"守着窗儿,独自怎生得黑!"尽日伴着这窗儿枯坐,从天光大亮到夜幕降临,却能守候到什么呢?那人终究不会回来,又为何要在这里尽日枯坐?女人总是怕黑的,而她却要在那无尽的黑暗里承受无尽的凄苦,是命运的安排吗,命运为何偏偏给了易安这许多折磨?

"梧桐更兼细雨,到黄昏、点点滴滴。"细雨滴梧桐,总是能够触动离人的哀愁。白居易在《长恨歌》中说:"春风桃李花开日,秋雨梧桐叶落时。"或许每一段感情都有这样的黯然萧索,或者这么想,心中真的能宽慰许多。只是那点点滴滴,不只滴落在梧桐上,更滴落在离人的心中。心,渐渐地冷了,只为经历了太多的苦楚。

"这次第,怎一个愁字了得!"这点点般般,这桩桩件件,哪里是一个"愁"字所能尽言,而她又为之奈何?愁,她已诉说得太多。只是再多的诉说，终究是于事无补，她也只有在无尽的寂寞与哀愁中，品咂自己的孤独。那是一种怎样的况味，或许是她生命中难逃的劫。她不愿再思谋，只愿去承受，再多的愁苦又能怎样，这些年，她已经历了那许多。

宋代张端义在《贵耳集》中曾有这样的言语："易安秋词《声声慢》：'寻寻觅觅，冷冷清清，凄凄惨惨戚戚。'此乃公孙大娘舞剑手。本朝非无能词之士，未曾有一下十四叠字者，用《文选》诸赋格。后叠又云'梧桐更兼细雨，到黄昏、点点滴滴'，又使叠字，俱无斧凿痕。更有一奇字云：'守定窗儿，独自怎生得黑。''黑'字不许第二人押。妇人中有此文笔，殆间气也。"清代沈谦在《填词杂说》中，曾戏言道："予少时和唐、宋词三百阕，独不敢次'寻寻觅觅'一篇，恐为妇人所笑。"恐为妇人所笑，却不知，正是这女子胜过世间须眉许多。

未语先泪，愁苦何其多

> **武陵春·春晚·风住尘香花已尽**
> 风住尘香花已尽，日晚倦梳头。
> 物是人非事事休，欲语泪先流。
> 闻说双溪春尚好，也拟泛轻舟。
> 只恐双溪舴艋舟，载不动许多愁。

这首《武陵春》当是创作于宋高宗绍兴五年（1135年），易安流寓金华之时。乱世中人，本就是无根的浮萍，今日在东，明日在西，哪里会有固定的居所。宋高宗绍兴元年，易安赴越州，卜居土民钟氏宅。绍兴二年，高宗奔逃到临安，易安也便追随到临安。绍兴四年，易安避乱金华，卜居陈氏宅。绍兴五年，大概在写作这首《武陵春》之后不久，易安再次踏上返回临安的旅途。从前，易安常常忆起自己的故乡，在梦里也要苦苦追索。而到了今日，恐怕再也没了那份心肠，乱世中人，永远是居无定所，永远是四处漂泊。家，哪里是家。经历过战乱，经历过流离，难免看得通透。"人生寄一世，奄忽若飙尘。"在这茫茫人世间，每一个人都不过是过客而已。

仅从词牌便可看出易安的万千思绪。易安曾在《凤凰台上忆吹箫》中写道："休休！这回去也，千万遍《阳关》，也则难留。念武陵人远，烟锁秦楼。"而那远去了的武陵人，定然是那赵明诚无疑。而此时，易安当是又念起了那亡故已久的丈夫，因而伴着痛和泪填下了这阕《武陵春》。

"风住尘香花已尽，日晚倦梳头。"当那春风终于止住了尽日的吹拂，那春花却早已凋零尽，飘落遍地，碾压进尘土，散尽它最后的芬芳。又是一年春归去，可恨一年又一载，生命终归了无意趣。太阳高升，直到天色将晚，她却仍然不曾梳洗，这人世间再没人值得她那般费力妆扮。她最在意的那个人去了，从此后，她的爱情死了，她的心枯萎了。在那似乎了无尽头的岁月里，她唯有数着那时光，念着那过往，等待着在另一个世界里与他重逢的时刻。从此后，每一天都不过是蹉跎地过，每一秒都不过是痛苦地挨。

"物是人非事事休，欲语泪先流。"一切都仿佛是往昔的模样，不同的，只是昔年的人早已不在。看着那散落的书稿，她不禁再一次悲从中来。她为那《金石录》作了一篇《后序》，是和着泪水写下的，历历细数他们曾经的过往，一切欢乐时光仿佛重新来过。原来,在他的心中,她的分量一直那么重,只是当年的她希求太多,难能快乐。

元稹曾为那早亡的妻作过三首《遣悲怀》,其中的第二首这样说道:"昔日戏言身后意,今朝都到眼前来。衣裳已施行看尽,针线犹存未忍开。尚想旧情怜婢仆,也曾因梦送钱财。诚知此恨人人有,贫贱夫妻百事哀。"那曾经的过往,哪里是说抛弃就能抛弃得掉的?就算抹掉她留下的所有痕迹,也终究会把她忆起,只因她曾出现在你的生命里,她终究深深地印刻在你的心里。

还不曾言语,泪水便止不住地奔流。她是想诉说什么?诉说对他的思念,诉说对他的追索?不必开口,他全都知道,因为在他的心里,也是一样的情怀。

何时才能忘记这一切,重新生活?又或者,终了一生都难能将他忘怀,她只得把他装进心里。从此以后的每一天,思念便是她不变的安排。

李攀龙说:"未语先泪,此怨莫能载矣。景物尚如旧,人情不似初。言之于邑,不觉泪下。"可谓深谙易安的情丝一缕。

"闻说双溪春尚好,也拟泛轻舟。只恐双溪舴艋舟,载不动、许多愁。"双溪在今天的浙江金华城南,因汇合了东阳、永康二水而得名双溪。"舴艋舟"是出自张志和的《渔父》:

"钓台渔父褐为裘。两两三三舴艋舟。能纵棹,惯乘流。长江白浪不曾忧。"张志和诗中所表现的是怎样萧散的情怀,只是那份旷达、那番潇洒,大概易安终了一生都不会再拥有。

她知道,她不能尽日愁苦;她知道,她要走出那无尽的伤怀。她也想泛着轻舟远行,就去那春光烂漫的双溪。只怕愁苦太多,那叶窄窄的扁舟,终究承载不下。

苏轼在《虞美人》中说:"无情汴水自东流,只载一船离恨向西州。"李后主在《虞美人》中说:"问君能有几多愁,恰似一江春水向东流。"秦观在《江城子》中说:"飞絮落花时候一登楼。便做春江都是泪,流不尽,许多愁。"古往今来的诗人们,总是用那流水比拟无尽的哀愁,易安却宕开一笔,不去写那离愁的流淌,却去写那离愁的重量。这样的篇章,哪里是构思得出的?只有经历了国破家亡、夫死再嫁、"玉壶颁金"、四处漂泊,才写得出吧,句句是血,声声是泪。那句子,不是用一支笔写出来的,而是从她的生命里流淌出来的。

一叶扁舟,载不动她的许多愁苦。殊不知,她的愁苦尽日埋在心间,她那心竟承载着怎样的重量,竟有着怎样的酸楚呢?

梅花三弄,泪千行

> **孤雁儿·藤床纸帐朝眠起·并序**
>
> 世人作梅词,下笔便俗。予试作一篇,乃知前言不妄耳。
>
> 藤床纸帐朝眠起,说不尽、无佳思。沉香断续玉炉寒,伴我情怀如水。笛声三弄,梅心惊破,多少游春意。
>
> 小风疏雨萧萧地,又催下、千行泪。吹箫人去玉楼空,肠断与谁同倚?一枝折得,人间天上,没个人堪寄。

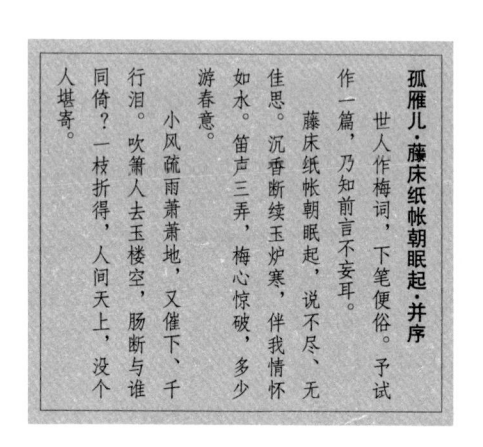

易安爱梅,是人所共知的事实。爱,本就不曾有道理可言,或者只是万花丛中多看了它一眼,从此便结下了一世情缘。梅的身上有她的影子,她的身上有梅的灵魂。每当易安走到生命的又一个节点,总是会想起那梅。每当易安经受了生活的无尽凄苦,总是会想起那梅。当她合卺出嫁之时,那梅也是"香脸半开娇旖旎";当她因无嗣被疏之时,那梅也是"为谁憔悴损芳姿"。当所有的繁华都落尽,只有这梅,依旧等待在旧日的时光里。

这首《孤雁儿》,当是明诚逝去后易安的悼亡之作,只觉得声声凄厉，字字不忍卒读。绝妙的诗篇，大抵是从心底自然流出，足见易安对明诚的一往情深，终其一生，难以断绝。就算他曾经负她许多，她也终究深爱着他。只因为太多年过去，她的生命早已和他连在了一起。他们曾经共同经历过那最烂漫的华年，他们曾经共同追求相同的志趣，往事一桩桩、一件件早已印刻在她灵魂的最深处，和她的血肉融化在了一起。

"藤床纸帐朝眠起，说不尽、无佳思。"藤床是指用藤条和竹子所编制的床。纸帐是指用藤皮茧纸制成的帐。而就算是睡在这无比舒适的藤床纸帐中，一夜梦觉，她竟也了无情绪。心中郁结着无尽的愁怨与无尽的凄苦，说不出，也不想去说。只因多说无益，再多的言语也终究不能将他唤回。

"沉香断续玉炉寒，伴我情怀如水。"沉香烧尽了，那香炉也冷了，周遭是如此的寂静，时间仿佛凝固了一般，仿佛这世界再没人理会她的悲喜，再没人在意她的存在或消失。她的情怀似水般温柔，也似水般惆怅。

"笛声三弄，梅心惊破，多少游春意。"《梅花落》是乐府中的古曲，因吹奏时要反复吹奏三次，故称为《梅花三弄》。那乐曲最是凄寒，尤其是用笛子吹奏，如怨如慕，如泣如诉，声声入耳，惊断了她的肝肠。却见那枝头上，几朵早梅开放，是那笛声惊破了梅心吗，那寂寞的庭院，此刻竟是如此春意盎然。只是，再多的春色，她也早已失却了游赏的兴致，就算是这素来喜爱的梅，此刻也惹不起她的情丝。他死后，她又另嫁他人，她可以对此绝口不提，却终究骗不过自己，那是她一生的污点，就算没人提及，心中也满是芥蒂。她只有活着，伴着凄苦，伴着孤独，伴着对他的思念和对过往的追索，活在这寂寞的人世间。

"小风疏雨萧萧地。又催下、千行泪。"那细雨萧萧而下，著雨的梅花，该是怎样一般芳华，她也没心思去理睬。那细雨萧萧，非但没有让她畅快丝毫，反而催下了她的几滴清泪。从前见这梅花，只有无尽的欣喜，而今却只剩下难言的悲伤。那滴滴清泪，是因了怎样难以平复的思绪，是为着怎样的痛断肝肠。

"吹箫人去玉楼空，肠断与谁同倚？"却原来，所有的所有都不过是因那人的离去。"吹箫人"还是与萧史弄玉有关的典故。《仙传拾遗》中这样记载道："萧史不知得道年代，貌如二十许人。善吹箫作鸾凤之响。而琼姿炜烁，风神超迈，真天人也。混迹于世，时莫能知之。秦穆公有女弄玉，善吹箫，公以弄玉妻之。遂教弄玉作凤鸣。居十数年，吹箫似凤声，凤凰来止其屋。公为作凤台。夫妇止其上，不饮不食，不下数年。一旦，弄玉乘凤，萧史乘龙，升天而去。秦为作凤女祠，时闻箫声。今洪州西山绝顶，有箫史仙坛石室，及岩屋真像存焉。莫知年代。"他走了，只留她在这寂寞的小楼。如果当真他如那萧史一般乘龙而去，又为何独独把她留在这寂寞的人世间。再多的伤怀，再多的凄楚，哪里是简单的三言两语便道得尽、便说得清的？他难道不懂，就算千里万里，她也不怕追随。这许多年来，何尝不是如此。她已习惯了追随，也已习惯了等待，只是内心的痛苦，终是难以平复。

从此后，肝肠断尽，又有谁伴她一处？"肠断"一语出自《世说新语·黜免》："桓公入蜀，至三峡中，部伍中有得猿子者，其母缘岸哀号，行百余里不去，遂跳上船，至便即绝。破视其腹中，肠皆寸寸断。"人世间，竟真的会有那般的惨痛愁绝吗？如果有，那么易安的肝肠早晚也会寸寸断尽吧！

"一枝折得，人间天上，没个人堪寄。"当年的陆凯曾写过一首《赠范晔》："折花逢驿使，寄与陇头人。江南无所有，聊赠一枝春。"从此，"折梅"便成了彼此馈赠的隐语。此时的易安，看着那满园渐次开放的梅，也想折下一枝，而人间天上，她竟再也寻不见丈夫的影踪。从前，在那无尽的等待里，她怨过、恨过，但好在终归留有一丝丝的希望，那就是照耀着她的光芒，而此刻，生死在他们面前横了一道永远无法逾越的鸿沟,鸿雁再也带不来他的消息,折一枝梅,也终究难能寄予。

《梅花三弄》还未吹彻,她就早已痛断了肝肠。

满衣清泪,凄楚谁怜

> **清平乐·年年雪里**
> 年年雪里,常插梅花醉。挼尽梅花无好意,赢得满衣清泪。
> 今年海角天涯,萧萧两鬓生华。看取晚来风势,故应难看梅花。

这阕《清平乐》大概创作于易安的晚年。当站在生命的尽头,回望曾经拥有的过往,会是一种怎样的情怀?从少年到中年,再到老年,易安经历了生命的无尽繁华,经历了生命的无尽凄凉,也经历了生命的无尽绝望。或许此时,她还未曾走完她的一生,只是心境已悲凉,已觉得此生无望。国破、家亡、夫死,而最终,她竟没有子嗣。而今,在这孤独的人世间,只有一个孤独的自己继续地生活,一天、一年、一生,又会有多大分别。或许,在这样的时刻,回望从前,方才知晓,原来她的一生不是只有那无尽的凄凉,却也有那许多的欢乐。

年年雪里,常插梅花醉。

少年时光,总是人生中最美好的过往。记得昔时的易安,从家乡明水来到都城汴京,凭借着两首《如梦令》便赢得了"词女"之名。那时候的她是怎样的风光无限,直到站在生命的尽头回望曾经的过往,还是会为当时的荣耀而欣喜。那是易安一生中名副其实的春天,豆蔻梢头,欣欣向荣。

印象中,易安曾填过一阕《渔家傲》:"雪里已知春信至,寒梅点缀琼枝腻。香脸半开娇旖旎,当庭际、玉人浴出新妆洗。造化可能偏有意,故教明月玲珑地。共赏金尊沉绿蚁,莫辞醉、此花不与群花比。"那时候,易安是有心境去踏雪寻梅的。"香脸半开娇旖旎",原来是她合卺的消息。"此花不与群花比",是说那梅,也是在说她自己。或许,人生中的得意与失意本就自有定数,那几年她挥霍尽生命中的美好。

印象中,易安曾填过一阕《玉楼春》:"红酥肯放琼苞碎,探着南枝开遍未。不知酝藉几多香,但见包藏无限意。道人憔悴春窗底,闷损阑干愁不倚。要来小酌便来休,未必明朝风不起。"只是就算占尽风光,也终究会有些许悲凉。她也怕,怕那年华消逝,却原来,她只是一个女人,总是要把那颗心托付给一个人,且盼他好生珍惜,莫失莫忘。

易安曾也填过一阕《满庭芳》:"小阁藏春,闲窗锁昼,画堂无限深幽。篆香烧尽，日影下帘钩。手种江梅渐好，又何必、临水登楼。无人到，寂寥浑似，何逊在扬州。从来知韵胜，难堪雨藉，不耐风揉。更谁家横笛，吹动浓愁。莫恨香消雪减，须信道、扫迹情留。难言处、良宵淡月，疏影尚风流。"那时候，不是没有怨，也不是没有恨，当她与丈夫分离，当她质疑着丈夫的真心，也会黯然，也会神伤，也会有无尽的凄楚。只是，尚未到惨痛愁绝，绝望中依旧透露出点点希望的光芒。

挼尽梅花无好意，赢得满衣清泪。

或许，所有的感情都有走到尽头的时候；或许，所有的真心都经不起仔细掂量。谁又曾料想，易安也会有那婕妤之叹与庄姜之悲。她又能怎样呢，只有无尽的等待，等待着他将那群芳看尽，再回转来寻这一枝冷傲的寒梅。那几年，她经历了怎样的痛断肝肠，挼尽梅花，那生命中最为细碎的过往都被她一一珍藏，或者是真的心伤，伤到没齿难忘。回顾那几年，满衣清泪，或许是最容易忆起的画面，原来他给了她那许多悲苦，她却给了他一段柔肠。

印象中，易安曾填过一阕《诉衷情》："夜来沉醉卸妆迟，梅萼插残枝。酒醒熏破春睡，梦远不成归。人悄悄，月依依，翠帘垂。更挼残蕊，更捻馀香，更得些时。"她是怀着怎样的惆怅，又是怀着怎样的悲戚，竟把那梅挼了又挼、捻了又捻，直捻得芳香都散尽，才肯罢手。原来，她是在思念那久不归家的离人。人悄悄，忧心又何尝不悄悄？

印象中，易安曾填过一阕《临江仙》："庭院深深深几许，云窗雾阁春迟。为谁憔悴损芳姿，夜来清梦好，应是发南枝。玉瘦檀轻无限恨，南楼羌管休吹。浓香吹尽又谁知，暖风迟日也，别到杏花肥。"庭院深深，锁住了几许春光，锁住了几寸柔肠。那梅花何以瘦弱如斯，那杏花何以肥硕若此，原来是那暖风迟日的偏私。而那明诚又栖迟在谁家院落，他的暖风迟日又抛洒向谁的心房？

今年海角天涯，萧萧两鬓生华。

易安的晚年是何等的凄凉与萧索。当国仇家恨悉数降临到她的眼前，她怎能视而不见，又怎能听而不闻？当明诚也终于撒手人寰，渺茫的路途只有易安一个人走。那些年，生未见得有多快乐，死也未见得有多痛苦。易安不曾选择，也选择不了，她只是听从命运的吩咐，任凭去向何处。

印象中，易安曾填过一阕《孤雁儿》："藤床纸帐朝眠起，说不尽、无佳思。沉香断续玉炉寒，伴我情怀如水。笛声三弄，梅心惊破，多少游春意。小风疏雨萧萧地。又催下、千行泪。吹箫人去玉楼空，肠断与谁同倚？一枝折得，人间天上，没个人堪寄。"当国破家亡,当明诚身死他乡,当他们终于天人永隔,易安又是怎样地肝肠寸断。命运怎么这么爱捉弄这个可悲的女人!

看取晚来风势,故应难看梅花。

宋室江山早已是岌岌可危,那梅花怕是难能再看到了吧。那梅花,何尝不是易安自己,生命至此,她只觉得走到了尽头,再多的岁月也不过是无谓的蹉跎。

这首小词,诉说的是易安的一生。

生命的意义在于用双脚去丈量人间的土地,用双眼去洞察人世的悲喜。当走到了生命的尽头,蓦然回首,大概谁都会有无尽的唏嘘,只是乱世中人经历了更多的愁苦。

风霜满鬓，梦忆前尘往事

> **永遇乐·元宵·落日熔金**
>
> 落日熔金，暮云合璧，人在何处？染柳烟浓，吹梅笛怨，春意知几许！元宵佳节，融和天气，次第岂无风雨？来相召、香车宝马，谢他酒朋诗侣。
>
> 中州盛日，闺门多暇，记得偏重三五。铺翠冠儿，撚金雪柳，簇带争济楚。如今憔悴，风鬟霜鬓，怕见夜间出去。不如向、帘儿底下，听人笑语。

"易安倜傥，有丈夫气，乃闺阁中之苏、辛，非秦、柳也。"我曾不止一次地引用沈曾植在《菌阁琐谈》中所说的这句话。这所谓的"倜傥"，所谓的"丈夫气"，不只表现在易安的诗词里，更表现在她真实的情怀中。或许，正是有着这般情怀，才有着这般倜傥的丈夫气。如果易安如普通的闺阁妇女一般，大概这一生会多一些快乐吧，只是她从不稀罕这被粉饰的太平，她从来看得真切，活得清楚明白。也正是因此，才有那许多的不幸。易安从不愿糊涂混沌，她有属于自己的执着。

"落日熔金，暮云合璧，人在何处？""落日熔金"，大概是从廖世美《好事近》中"落日水熔金，天淡暮烟凝碧"一语化来；"暮云合璧"，也许是从江淹《拟休上人怨别》中的"日暮碧云合，佳人殊未来"一句脱胎。落日像极了熔化的金子，与暮色中的云彩仿佛是珠联璧合，这般美景竟教易安独自欣赏吗？"人在何处"，刚问出口，便已没了游赏的兴致。那人恰便是"无人到，寂寥浑似，何逊在扬州"中的人，恰便是"人何处，连天芳草，望断归来路"中的人，恰便是她那故去了的丈夫。

"染柳烟浓，吹梅笛怨，春意知几许！"柳色渐深，雾霭渐浓，恰逢早春时节，为何偏要吹奏这哀怨的《梅花落》，直吹得人肝肠欲断。此时的易安是敏感的，一支乐曲也能触动她的肝肠，引起她的惆怅。

"元宵佳节，融和天气，次第岂无风雨？"元宵佳节，一派春意融融的气息，却又怎知，在这样的天气里，就不会渐次地迎来那凄风和苦雨。表面上说的是天气，实际上说的又未尝不是彼时那动荡的政局。南宋小朝廷偏安临安一隅，便再不做他想。又怎知这偏安竟能够永远，又怎知这政局终不会面临随时倾覆的风险。易安确实有着那股丈夫气。从来，政治是男人的本色行当，却不料，易安竟胜过那须眉许多。却也正是因了这个,易安才不快乐,她从不懂得留住目前的欢乐,从不懂得得过且过。

"来相召,香车宝马,谢他酒朋诗侣。"正因为易安不似旁人,所以当那旁人来相召,任凭是香车宝马还是锦帽貂裘,她也只是一一谢过。那许多酒朋诗侣,尽皆欢笑着离去,只有易安,守着自己的凄苦,伴着自己的孤独。她又何尝不想和他们同游,只怕旧愁未去,又添新忧。在这般动荡的背景下,怎样的游赏,能够乐得开怀,能够游得尽兴?或许旁人可以,只是她终究不能。是怎样的担当,让她把家国的苦楚尽皆扛在自己瘦弱的肩头。恍惚中,那个孤独的身影是那般可怜,却又是那般可敬。

"中州盛日,闺门多暇,记得偏重三五。铺翠冠儿,撚金雪柳,簇带争济楚。"她也不是不喜欢那番热闹,只是不喜在这多事之秋故作潇洒。当那酒朋诗侣尽皆走远,她独自品咂着自己曾经拥有的欢乐。中州即是中原,说的便是昔日的都城汴京。依稀记起当年在汴京的岁月,彼时的她是有着许多梦想和兴致的,尤其在那三五月圆之日,着意打扮一番,自然是闺中翘楚。铺翠冠儿、雪柳都是当时少女喜爱的饰物,插在头上,是怎样一种俊俏风流。这许多前尘往事,而今也只得在梦中追索。终其一生,怕是再难回到那曾经的都城汴京了。今昔对照，不由得更觉而今的临安空余满目萧索。

"如今憔悴，风鬟霜鬓，怕见夜间出去。"是什么打断了她的追忆，是偶然间瞥见了镜中的容颜吗？如今，她早已憔悴不堪，鬓发散乱，再也无心打理，时值佳节也不愿在这夜间出去。却又是为着什么呢？从前，她是最活泼开朗的人儿，如今为何这般麻木落寞？原来，她自有她的隐衷。

"不如向、帘儿底下，听人笑语。"旁的人大抵都有同游的侣伴，此时的易安却只得面对这夫妇天人永相隔的现实，她又如何来承受这痛苦与折磨？彼时南宋的满朝文武依旧沉醉于北归的迷梦里，又或者，北归不过是一个漂亮的幌子，他们不在意是在汴京还是在临安，只在意有没有这纸醉金迷的岁月。若论彼时的南宋政权，非但北归无望，怕是这国家也要走向末路穷途，而人们却依旧笑语欢腾。彼时的朝廷，忠臣良将多被猜忌，只有那奸佞小人得以飞升。岳飞精忠报国却终被猜忌；张浚挽狂澜于既倒却终不被重用；韩世忠功勋卓著，却因坚持主战而不得君心，最终只有在清寒中度过晚年。这一桩桩，一件件，落在易安眼中，刺进易安心底，哪能不是痛，哪能不是悲？那阵阵笑语喧腾，便是那衰世的异响别音，却只有易安听得明白清楚。

刘辰翁曾在《永遇乐·璧月初晴》的小序中说："余自乙

亥上元诵李易安《永遇乐》，为之涕下。今三年矣，每闻此词，辄不自堪。遂依其声，又托之易安自喻。虽辞情不及，而悲苦过之。"原来，只有这刘辰翁才堪称易安的知音。

雨打芭蕉,莫道不销魂

> 添字丑奴儿·芭蕉
> 窗前谁种芭蕉树,阴满中庭。
> 阴满中庭,叶叶心心,舒卷有馀情。
> 伤心枕上三更雨,点滴霖霪。
> 点滴霖霪,愁损北人,不惯起来听。

这一阕《添字丑奴儿》所抒写的,正是南迁的北人听不惯夜雨打芭蕉的故实。易安也曾是南迁的北人,或许这正是昔年易安的真实写照也未可知。否则,易安哪里能体味得那般深切,又哪里能抒写得那般曲折?

"窗前谁种芭蕉树,阴满中庭。"是谁在窗前种下那一株芭蕉,那阔大的芭蕉叶,层层舒展,一叶叶,一丛丛,荫蔽了整个庭院。"阴满中庭,叶叶心心,舒卷有馀情。"最爱那"阴满中庭",不胜欣喜,一定要反复吟咏才甘心,那蕉心常卷、叶叶心心是怀着怎样的柔情缱绻。

"伤心枕上三更雨，点滴霖霪。"北人南来，本就有着无限的伤心难耐，却偏逢上这三更夜雨，点点滴滴，落在芭蕉上，敲打出寂寞的回响。声声凄厉，直敲打到北人的心房。"点滴霖霪，愁损北人，不惯起来听。"是怕那敲打声还不够凄厉，而北人还不够愁绝吗，竟要反复中说这"点滴霖霪"？北人的愁苦已太多，再听不得这凄厉的雨打芭蕉声。

北人南来，虽然还是在这同一个国度中，但毕竟抛别了曾经的土地，本就怀着无限的惆怅和无尽的心伤，偏逢上这三更夜雨打芭蕉，那淋淋漓漓的声响敲击着北人的心房，是怎样的愁苦与哀伤！南人听惯了这凄厉的敲打，依旧睡得安稳，只因不曾经历那许多战乱，不曾经历那许多背井离乡。而北人却是再也听不得那样的声响，他们已太久不曾安眠。

那满朝文武悉数沉浸在北归的幻梦里。他们会否知道，这雨打芭蕉是怎样的凄苦；他们会否知道，抛别故土是怎样的愁绝。他们只是日复一日、年复一年地沉迷享乐，满目山河空萧索，他们只是看不到这落寞。

杜牧曾作过一首《八六子》，其中便写到了这雨打芭蕉："洞房深，画屏灯照，山色凝翠沈沈。听夜雨冷滴芭蕉，惊断红窗好梦。龙烟细飘绣衾，辞恩久归长信。凤帐萧疏，椒殿闲扃。辇路苔侵，绣帘垂，迟迟漏传丹禁。舜华偷悴，翠鬟羞整,愁坐望处,金舆渐远,何时彩仗重临?正消魂,梧桐又移翠阴。"宫人尽日地等待着,从黑夜等到黎明,等待的不过是君主的临幸。偏逢上这夜雨打芭蕉,该是怎样的情怀一缕。青春那样短,等待那样长,还会有多少时光空付与这寂寞的等待。

顾夐曾填过一阕《杨柳枝》,其中也写到了这雨打芭蕉:"秋夜香闺思寂寥,漏迢迢。鸳帷罗幌麝烟销,烛光摇。正忆玉郎游荡去,无寻处。更闻帘外雨潇潇,滴芭蕉。"最难消的总是那思妇的哀愁,尽日期盼,那离人只是不见影踪。夜雨打芭蕉,那一声一声,凄厉惨绝,不正像极了思妇的声声哀叹、阵阵低吟?只是不知,那离人可曾听得明白清楚?

李煜曾填过一阕《长相思》,其中也有那夜雨打芭蕉:"云一缢,玉一梭,淡淡衫儿薄薄罗。轻颦双黛螺。秋风多,雨相和,帘外芭蕉三两窠。夜长人奈何!"尽日妆扮,却只是看不到那离人归来的影踪。秋风那么多,寒夜那么长,她该如何忍受这凄苦,还有那夜雨打芭蕉?一声一声,直敲击到离愁的最深处,痛,无法消解。大概总是忧愁之人,不忍听闻那凄厉之声,李后主如此,易安亦如此。那无比凄厉的一声一声,敲击着心房,带来无限神伤。他们经历过太多的磨难和波折,生命中再经受不了那许多凄厉的声响。

夜雨梧桐，何其悲也。或者，这就是易安在生命临终之时的真实写照，一夜一夜，伴着这凄厉的声响入眠。听着这阵阵夜雨芭蕉，会否把曾经的故乡追索；听着这阵阵夜雨芭蕉，会否把国家的前途惦念；听着这夜雨芭蕉，会否细数自己一生的孤苦与惆怅？

这一首《添字丑奴儿》大概是易安这一生中填的最后一阕词。在此后那无尽的岁月里，她不再多说什么，太多的言语早已说尽。易安从来认为，词应"别是一家"。所谓的"别是一家"，即是抒写离愁别绪、情爱旖旎。终其一生，她只在那词中书写一个人：他生，她便盼他、怨他；他死，她便怀他、念他。再多的思念之词、再多的伤怀之语累积，都无法把他唤回，她又是有着怎样的苦楚？每填上一阕词，她就要徒增许多伤悲，无限的黯然憔悴。她老了，不愿再如此这般折磨自己，她已没有那许多精力去痛苦、去伤悲。

大约在宋高宗绍兴二十五年（1155年），李清照走完了自己的一生，享年七十三岁。与她丈夫相比，她确实算得长寿之人，只是生逢乱世，多活一年，莫不是多经受一年的凄风苦雨。或许，对于乱世中人来说，死亡竟真的可以成为一种解脱。

太多的时候，人生无法单纯地用悲喜去界定，易安一生经历的磨难太多，有过的欢乐太少，或许那"一代词宗"的赞誉是对她凄苦一生的些微补偿。只是历史与人生，本就是错位的轮回，历史给她的荣耀，哪里是她的向往，而她苦苦追求的，命运却偏偏给不了。

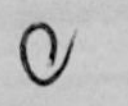